DE

L'INFLUENCE DU BACONISME

SUR LES SCIENCES EN GÉNÉRAL

ET LA MÉDECINE

EN PARTICULIER,

PAR LE Dr J. BOUCHER.

PARIS,

LABÉ, LIBRAIRE DE LA FACULTÉ DE MÉDECINE,

Place de l'Ecole-de-Médecine, 23 (ancien n° 4).

1851.

967

DE L'INFLUENCE DU BACONISME.

DIJON,

IMPRIMERIE LOIREAU-FEUCHOT,

Rue Chabot-Charny, 40.

DE

L'INFLUENCE DU BACONISME

EN MÉDECINE. [1]

I.

Tout ce qu'on sait de Baglivi se borne à peu de chose. Éteint de bonne heure par l'excès du travail, ce brillant esprit n'eut jamais rien à démêler qu'avec la science, et la science n'est pas généralement ce qui attire l'attention de l'histoire. Malgré cela, il existe plusieurs biographies de Baglivi ; mais ce n'est point l'histoire de sa vie qu'on y trouve, ce n'est que l'histoire critique de ses ouvrages. Il y a peu d'hommes cependant qui aient poussé aussi loin que lui le soin un peu vain de noter tout ce qui concernait sa personne ; ses livres sont pleins de renseignements de cette nature, et l'on comprend difficilement qu'on ait pu différer d'opinion sur son âge, quand on saura qu'il a donné lui-même, dans le traité *De la Tarentule,* ch. XII, son acte de naissance.

On peut donc affirmer maintenant, malgré l'autorité de Fabroni, que Baglivi naquit à Raguse le 8 septembre 1668, *au lever du soleil.* Sa famille, d'origine arménienne, et n'ayant d'autre nom que celui de sa première patrie, fut chassée de Raguse par la misère ; le hasard la fit aborder à Lecce, dans la Pouille, où ses malheurs devaient finir. Sur la recommandation du jésuite Tudisius, qui était leur compatriote, un

-----

[1] Ce travail a servi d'introduction à la traduction de l'ouvrage de Baglivi sur la Médecine pratique.

médecin riche et considéré, nommé Pier-Angelo Baglivi, adopta les deux enfants de la pauvre famille, les fit élever, leur laissa sa fortune, et leur donna un nom que tous deux surent rendre illustre.

Georges Baglivi, celui qui nous occupe, vint étudier la médecine à Padoue et à Bologne, où il fut bientôt le disciple et l'ami intime du célèbre Malpighi. Quelques années après, le grand anatomiste, devenu médecin d'Innocent XII, attira Baglivi à Rome. Celui-ci n'avait que vingt-trois ans; mais sa réputation naissante et l'influence de son illustre maître lui firent donner presque aussitôt la chaire d'anatomie, où il enseigna avec beaucoup d'éclat. C'est ce même jeune homme, le fils adoptif du médecin de Lecce, qui, à vingt-sept ans, se posait en législateur, et publiait hardiment le traité de philosophie médicale dont nous donnons aujourd'hui la traduction au public. Ce traité fut reçu avec une sorte d'enthousiasme; mais son grand mérite et l'extrême jeunesse de son auteur valurent à ce dernier d'injustes et glorieux soupçons : on prétendit que cet ouvrage n'était pas de lui, par la raison qu'un livre de cette importance ne pouvait venir que d'une tête blanchie dans l'exercice de la médecine; et l'on avait tort de s'arrêter en si beau chemin, car évidemment le traité de Baglivi exigeait en outre un esprit usé, pour ainsi dire, par des méditations assidues sur la philosophie générale des sciences.

Il nous semble, en effet, qu'on s'est mépris généralement sur la nature de ce livre, et malheureusement le titre est bien fait lui-même pour prêter à la méprise (1). On croit naturelle-

(1) C'est ici le lieu de nous expliquer sur la modification légère et très-légitime que nous avons fait subir au titre du livre de Baglivi. Quatre ou cinq des plus grands médecins modernes ont donné, sous le titre de *Médecine pratique*, des ouvrages faits pour servir éternellement de modèles; or, les gens du monde ne sont pas les seuls à confondre dans la même idée des ouvrages qui ont à peu près le même titre. Quoi qu'il en soit, il n'y a rien de commun entre ces ouvrages et celui de Baglivi. Les premiers sont essentiellement

ment qu'il s'agit d'un traité de médecine pratique; et ce que l'on trouve, c'est un traité *sur* la médecine pratique, ce sont des considérations sur l'expérience et les théories, c'est une méthode, enfin, pour mouvoir la science et pour la faire avancer vers un but idéal, où des esprits trop ardents peut-être ne craignent pas de diriger les efforts de l'homme, sa confiance et son ambition.

Considéré de cette façon, le livre de Baglivi n'exigeait plus, à beaucoup près, autant d'expérience médicale; et, d'ailleurs, les amis du jeune médecin pouvaient toujours répondre à ses détracteurs que l'expérience, après tout, n'est qu'une chose relative, et que bien des médecins meurent sans elle après quarante années de pratique assidue.

Il y avait cependant quelque chose de juste et de fondé dans les doutes qu'on exprimait à propos de ce livre; et, quoique l'expérience médicale ne dût pas sembler absolument nécessaire pour écrire un ouvrage de cette nature, il était permis de douter peut-être qu'un jeune homme de l'âge de Baglivi pût avoir assez médité sur la constitution générale des sciences pour donner ainsi des leçons de philosophie à la médecine de son siècle, et pour exprimer en un style aussi hardi les fautes commises par tant de générations médicales, et la marche qu'on eût dû suivre pour amener la médecine à la perfection.

C'était bien là, en effet, la question véritable; il ne s'agissait pas d'un livre de pratique, mais d'un livre de philosophie, où les principes généraux étaient proclamés presque toujours

des livres de pratique; l'autre n'a qu'un seul but, qui est de montrer la route où il faut engager la médecine, si on veut qu'elle fasse des progrès rapides et sûrs. Or, cette route, c'est celle montrée par Bacon: tous les principes généraux sont ceux du chancelier anglais, et des yeux médiocrement exercés n'ont pas de peine à reconnaître dans le livre de Baglivi le livre *De l'Accroissement des sciences* et celui de *l'Organum* spécialement appliqués à la médecine. Aucune des personnes qui lisent Bacon ne me reprochera donc d'avoir rendu au titre du livre sa véritable idée, son étymologie.

avec cette hautaine hardiesse qui caractérise les chefs d'école.
Or, Baglivi était véritablement bien jeune alors pour en être
là; et si les soupçons de ses envieux restèrent sans preuve, ils
n'étaient pas du moins absolument injustes, car on sait depuis
longtemps que l'œuvre du brillant professeur n'était que le développement médical des livres de Bacon, la première tenta-
tive régulière pour introduire en médecine la méthode philosophique nouvelle. Mais on connaissait fort peu alors le philosophe anglais : la France et l'Allemagne, éblouies par le génie
de Descartes, n'avaient pas encore abandonné cet homme prodigieux, vers lequel on revient peu à peu de nos jours ; et
l'on n'avait guère besoin de Bacon en Italie, où le véritable
créateur de la philosophie expérimentale, l'illustre Galilée,
avait donné pendant cinquante ans le précepte et l'exemple (1).

 Voilà pourquoi on ne put articuler nettement contre Baglivi
ce reproche dont nous parlions tout-à-l'heure ; et même, en
vérité, eût-il été bien juste de le faire ? Si les principes appartenaient à Bacon, à qui appartenaient tous ces développements si riches et si ingénieux ? Etait-ce bien un homme or-
dinaire, que ce médecin de vingt-sept ans qui établissait avec
tant de sagacité la recherche générale des circonstances morbides et celle des indications ? Et quant aux principes eux-
mêmes, Baglivi, dans aucun cas, pouvait-il être considéré encore comme un copiste servile ? Le jeune et ardent philosophe
pouvait bien sans doute embrasser avec enthousiasme le parti
d'un homme qui avait proclamé si hautement la philosophie de
l'expérience ; mais le compatriote de Galilée ne pouvait igno-
rer non plus les immenses progrès que des hypothèses très-
hardies avaient fait faire aux sciences naturelles depuis un

(1) Quel que soit le parti que l'on prenne à l'égard de Bacon, on avouera
bien, du moins, que celui-là ne donnait pas à la fois l'exemple et le précepte ;
et c'est ce que voulait exprimer Voltaire, lorsqu'il disait avec son élégance habituelle : « Le chancelier Bacon proposait alors de nouvelles sciences, mais Co-
« pernic et Keppler en inventaient. » *Essai sur les mœurs*, t. V, p. 85.

siècle et demi. Ces progrès frappaient tous les yeux, et, malgré les préventions les plus fortes, la vive intelligence de Baglivi ne pouvait pas se faire la complice aveugle de cette proscription générale des théories qui fait la base du système de Bacon.

Quoi qu'il en soit, d'ailleurs, on retrouvera partout, dans le livre que nous publions, les principes et l'esprit du philosophe anglais, son style même et ses figures; c'est donc bien de lui qu'il s'agit ici; la *méthode* de Baglivi est bien celle de Bacon, et cette méthode elle a réellement dominé la médecine, et elle la domine encore. Qu'on le sache, en effet, ou qu'on l'ignore, c'est elle qui règne en souveraine dans les deux camps qui se partagent la France médicale; et, comme Baglivi, tout en modifiant quelquefois les idées du maître, n'a fait cependant que les reproduire; comme il a été, au fond, l'un des premiers promoteurs de sa méthode et l'un des plus brillants, il nous semble utile d'examiner cette méthode elle-même, et de rechercher la nature de son action sur les sciences en général et sur la médecine en particulier (1).

II.

La fin du XVIe siècle offrit, sans contredit, un des plus beaux spectacles qu'il soit donné à l'homme de contempler. Le génie de la synthèse antique dominait toujours les sciences,

(1) La méthode de Bacon, qui a eu sur la médecine une action si considérable, est une méthode générale, donnée comme règle unique et universelle des connaissances physiques et métaphysiques. Il serait donc très-difficile et très-incomplet d'examiner séparément l'action du baconisme sur la médecine; et d'ailleurs la discussion n'en devient que plus claire, quand on montre en même temps son action sur les sciences naturelles, qui font la véritable gloire de cette méthode philosophique, et où les résultats, d'ailleurs, sont palpables.

mais il n'en était plus le tyran : les observations se refaisaient, et l'on interrogeait l'expérience avec une tenacité inouïe. L'un des nôtres, par exemple, l'illustre Sanctorius, passait trente années de sa vie dans une balance, pour vérifier seulement un point de la physiologie de l'homme (1584-1614). Mais, par un caprice de l'esprit humain, ou plutôt, peut-être, par un des secrets de sa nature, ce ne fut point par les sciences d'applications familières que commença la rénovation; ce fut par la plus sublime de toutes, l'astronomie. Un esprit de foi ardent et impétueux, excité encore par les dissensions religieuses, dirigeait sans cesse l'œil de l'homme vers les grandes idées d'harmonie et d'intelligence qu'une sombre école de philosophie voulut depuis bannir de l'univers; et le XVI* siècle était à peine fermé, que les révélations de Keppler ouvraient à toutes les sciences modernes un chemin qu'elles n'ont pas fini de parcourir.

On en était là, lorsque, tout-à-coup, quatre-vingts ans après Copernic, et du temps même de Galilée et de Keppler, Bacon, armé d'une méthode puissante et qu'il disait nouvelle, vint la proclamer comme l'unique moyen de conquérir la vérité, déclarant à chaque page de ses livres que tout ce qui avait été fait jusqu'à lui, par des méthodes différentes de la sienne, ne devait compter pour rien dans la science.

On pouvait d'ailleurs y renoncer sans peine, car le réformateur assurait qu'en suivant ses indications on arriverait, d'une manière simple et pour ainsi dire mécanique, à une science nouvelle toute inondée des lumières de la vérité (1).

Quelle était donc cette méthode réellement si puissante, et qu'on disait si infaillible et si rapide?

En voici l'analyse en quelques mots : on proscrivait d'un seul coup, sous les noms d'*idoles* et d'*anticipations de l'esprit,*

---

(1) .... *Restat ut res veluti per machinas conficiatur.* — Nov. Org., Præfat. II.

toute espèce d'hypothèse, toute théorie, toute notion même qui n'eussent pas été tirées des faits suivant les règles de la méthode nouvelle (1), après quoi on procédait méthodiquement à la recherche des faits, à l'expérience. C'est là la partie importante du système. Bacon multiplie les précautions; il donne, pour observer, des règles ingénieuses, excellentes, et de mauvais exemples. Arrive ensuite un travail de statistique comparée : les faits, choisis, digérés, rangés par catégories, séparés ou rapprochés suivant certaines règles, fournissent tout naturellement *la loi* de ces faits (2). Ces lois ou axiomes *mineurs* servent ensuite à fournir par le même procédé des axiomes *moyens*, qui s'échelonnent eux-mêmes et par lesquels on s'élève enfin aux axiomes *très-généraux* ou généralissimes (3).

Tel est le procédé; mais tout procédé philosophique a un

---

(1) *Nov. Org.*, XVI, XXXVI et LX. — On sera surpris, peut-être, en apprenant que l'un des plus hardis généralisateurs de l'antiquité, Galien, avait posé des principes à peu près semblables dans son traité *Des Simples*, chap. XXXVIII. Et probablement Galien n'a été ni le premier ni le seul philosophe qui ait voulu qu'on se dépouillât de toute espèce de *paralogisme* avant de recevoir la *vraie* doctrine. On permettra du reste à un médecin de rappeler ici une définition de l'*induction* donnée par ce même Galien, et qui ressemble assez à l'idée qu'en a donnée Bacon. On jugera : « ... *Qui ex exemplis fidem facit, unum aut duo ejusdem generis affert, aut certè planè paucula, plerisque cæteris præteritis.* » — Sauf le nom de Galien, qui ne s'y trouve pas, on trouvera dans mille endroits de Bacon la même idée formulée comme accusation générale contre toute l'antiquité scientifique; voici maintenant la suite : « *Qui verò ex inductione, omnia comprehendere nititur quæ per experientiam sunt cognita. Quare talis inductio vehemens est.* » — De Simplic. Medic. facult., l. II, ch. IV.

(2) Ce que Bacon appelle une *loi* ne doit pas se confondre avec une *cause*, quoique lui-même emploie ce dernier mot très-souvent; et cette confusion a été fatale à quelques-uns de ses disciples. Une *loi*, pour lui, n'est autre chose qu'une *propriété constante* dans les faits observés. Dans la fièvre typhoïde, par exemple, on trouva d'abord *constamment* les ulcérations intestinales. Dans le système de Bacon, ces ulcérations étaient la *loi* de la fièvre typhoïde; mais le pas était glissant : la *loi* de la fièvre typhoïde devint la *cause* de cette même fièvre, et il fallut bien du temps et bien des luttes pour ébranler enfin cette dangereuse induction.

(3) *Nov. Org.*, l. Ier, aphor. 42.

fondement, une raison d'être. Voici donc les principes fondamentaux de la méthode, car il en faut toujours quelques-uns à
toutes les méthodes, même au baconisme (1). On suppose
donc deux choses : premièrement, que les phénomènes sont
gouvernés par des lois constantes, et enchaînés entre eux (2) ;
et, secondement, que les sens *aidés* sont tout-puissants pour
la recherche de la vérité. Comme ces propositions méritent
quelque explication, nous y reviendrons tout-à-l'heure.

Quoi qu'il en soit, rien de plus spécieux que ce système. Le
grand principe de tout raisonnement, qui est de partir d'un
point sûr, y semble à l'abri de toute discussion ; il y a ensuite
cette promesse séduisante d'*égaliser* les esprits médiocres et
les esprits sublimes, et, si l'on ajoute à tout cela l'entraînement
d'un style vigoureux et plein d'originalités charmantes, on
s'expliquera facilement la fortune qu'a faite la philosophie de
Bacon.

Il faut d'ailleurs le dire bien haut : cette philosophie est véritablement une arme très-puissante, et la gloire de Bacon c'est
d'avoir introduit de l'ordre et de la méthode dans une manière
de raisonner où il n'y en avait pas ; c'est d'avoir redressé,
embelli, je dirais presque d'avoir refait une route par où l'on
passait depuis le commencement du monde, mais où l'instinct
général semblait précipiter son siècle.

Malheureusement, l'esprit humain peut-il jamais s'arrêter
à temps? La méthode de Bacon était bonne, il la proclama
infaillible; elle était puissante, il la proclama exclusive; après
quoi il fallut bien, de toute nécessité, la proclamer universelle.

Mais, que l'orgueil de l'homme s'enfle tant qu'il voudra : jamais il n'a eu dans les mains une arme de cette espèce, et
jamais, peut-être, il n'aura rien de semblable. La nature en-

(1) Voyez Jouffroy, *Préface des Esquisses morales*, p. xcvi et suiv.
(2) *Ibid.*

tière est notre domaine ; mais, pour agir sur elle, nous n'avons que deux instruments, tous deux fragiles, tous deux trompeurs : les sens et la raison. Est-ce donc trop ? Et si l'antiquité, peut-être, abusa de la raison, est-ce un motif suffisant pour abuser des sens ?

De quoi s'agit-il au fond ? De cette vieille querelle de la synthèse et de l'analyse, que l'orgueil des fondateurs de sectes est parvenu à rendre ennemies, au lieu de combiner leurs forces pour les faire marcher ensemble à la conquête de la vérité. Où en seraient aujourd'hui les sciences, si le législateur de l'induction eût consenti à n'être pas leur tyran ; s'il eût laissé à la synthèse une partie de l'autorité qu'il voulait usurper pour l'induction toute seule ; s'il eût voulu, enfin, que celle-ci régnât sur autre chose que sur des ruines ?

C'est là un regret que nous ne craignons pas d'exprimer ; il l'a été déjà, et le jour n'est pas loin, peut-être, où il le sera bien plus hautement encore.

Quoi qu'il arrive d'ailleurs, si l'on doit remercier Bacon d'avoir déblayé un des chemins de la vérité, on doit lui reprocher aussi d'avoir complètement fermé l'autre. Nous parlions tout-à-l'heure de la vieille querelle de la synthèse et de l'analyse ; mais, au fond, cette querelle ne date que de Bacon, et c'est à lui seul qu'on doit cette séparation funeste. La plupart des disciples, il est vrai, refusent aujourd'hui de proscrire aussi absolument que le maître une méthode à laquelle nous devons les plus grandes choses que nous sachions ; mais tous les jours encore on invoque le principe général, tous les jours on l'oppose aux plus modestes tentatives de synthèse, tous les jours enfin on essaie de flétrir, sous le nom d'*hypothèses* ou de *vagues théories*, ce que Bacon voulait flétrir lui-même sous le nom d'*anticipations de l'esprit*, c'est-à-dire toute généralisation tirée des faits par une voie plus courte que celle de l'induction.

Examinons donc les fondements de la nouvelle méthode, les objections qu'elle fait à la méthode ancienne et celles qu'on lui peut faire à elle-même.

Ainsi que nous l'avons dit plus haut, l'induction est fondée sur deux principes généraux, qui ressemblent assez aux principes les plus hardis qu'ait jamais employés la synthèse. — Le premier de ces principes n'est exprimé nulle part, par la raison sans doute que l'induction alors redeviendrait sur-le-champ une synthèse véritable, mais il fait nécessairement le fond de la doctrine; d'après ce principe, la nature agit par des lois générales qui s'impriment dans chaque fait particulier, et qui s'y manifestent par un certain nombre de circonstances essentielles et identiques. Ce sont ces circonstances essentielles qu'il suffit de déterminer méthodiquement dans un certain nombre de faits, pour obtenir la loi de ces faits et de tous ceux qui leur ressemblent.

Tel est le premier principe du baconisme; or, ce principe, très-vieux et très-fécond sans doute, qu'est-ce autre chose qu'une proposition extrêmement synthétique? (1) Les philosophes de l'observation pure et de l'expérience pourraient-ils dire par quelle série d'*expériences* et d'*observations* on est arrivé à dégager *inductivement* cette loi d'ordre et d'harmonie qui échappe ainsi à la proscription générale? (2) Et qu'auraient-ils à répondre si on leur représentait avec modestie que « l'entendement humain, en vertu de sa constitution naturelle,

(1) ..... Quùm in syllogismo sit robur nervusque omnis ratiocinii, et ne inductio quidem quicquam probet, nisi quia virtute syllogismus est (ob subintellectam nimirùm generalem propositionem qua enuntietur : omnia quæ enumerari possunt singularia esse ea quæ sunt enumerata, nullumve assignari posse quod non sit ejusmodi). Gassendi, *Syntagma philosophicum*, pars prima, l. II, ch. vi. — M. de Maistre n'a guère dit autre chose.

(2) On peut lire à ce sujet le 3e paragraphe du travail de Jouffroy que nous avons cité plus haut. Ce philosophe examine dans ce passage le rôle que jouent dans les sciences d'observation quelques vérités primitives conçues par la raison, ce que Descartes appelle *certaines semences de vérités qui sont naturellement en nos ames.* — *Méthode*, 6e partie.

« n'est que trop porté à supposer dans les choses *plus d'uni-*
« *formité, d'ordre et de régularité* qu'il ne s'y en trouve en effet;
« et, quoiqu'il y ait dans la nature une infinité de choses extrê-
« mement différentes de toutes les autres et *uniques en leur es-*
« *pèce,* il ne laisse pas d'imaginer un parallélisme, des analo-
« gies, des correspondances et des rapports qui n'ont aucune
« réalité? »

Il est, je le sais, difficile d'accumuler en moins de mots plus
de propositions tranchantes et absolues; mais ces paroles sont
du maître (1), et le passage est d'autant plus remarquable,
qu'il combat directement, ou plutôt qu'il détruit autant que
possible la légitimité de cette conclusion du particulier au
général, qui est l'induction même (2).

Du reste, on ne doit point s'étonner de cela, car il y a dans
Bacon des armes pour tout le monde; nul n'a su comme ce
philosophe plier les principes aux besoins de sa cause, et leur
donner dans tous les cas cette expression de gravité philosophique qui constitue les grands écrivains comme les grands
penseurs.

Mais cela ne suffit pas; et, quand on a la prétention d'effacer
d'un seul coup toute proposition générale émise par une
science dont on nie absolument la légitimité, on n'a pas le
droit de partir soi-même tout simplement du principe le plus
élevé peut-être et le plus général, où l'on ne devrait arriver qu'à peine après des siècles d'induction (3).

(1) Intellectus humanus, ex proprietate suâ, facilè supponit majorem ordi-
nem et æqualitatem in rebus, quam invenit; et quùm multa sint in naturâ
monodica et plena imparitatis, tamen affingit parallela, et correspondentia,
et relativa, quæ non sunt. — *Nov. Org.*, I, 45.

(2) On peut remarquer que c'est notre Descartes qui, le premier, a formulé
nettement ce grand principe d'ordre, qui était sans doute une hypothèse, mais
une hypothèse absolument nécessaire aux progrès de toutes les sciences. —
Voyez le *Discours sur la Méthode*, 2e partie, et l'appréciation des théories physiques de Descartes dans le *Discours préliminaire de l'Encyclopédie*.

(3) Les disciples de Bacon ne se dissimulent plus que leur maître, à force
de redouter les *anticipations de l'esprit*, finissait par faire de l'esprit un ins-

On ne nous accusera pas, sans doute, de combattre le principe en lui-même : nous aurions plutôt à le défendre contre
ceux qui l'emploient; cependant, il est facile de sentir quels
abîmes on doit franchir quand il s'agit de s'élever des faits aux
lois de ces faits et à leurs causes (1). Le procédé baconien, au
fond, tient beaucoup de la statistique, et la statistique est loin
d'être une méthode sans dangers. Multipliez les expériences,
accumulez les faits, créez-en si vous pouvez (2), diminuez par
tous les moyens possibles les chances d'erreur où peut tomber
l'observation, la science vous aura certainement des obliga-
tions infinies, mais vous n'en n'aurez pas moins affaire à un
nombre de phénomènes relativement petit, la raison de ces
phénomènes n'en sera pas moins hors d'eux-mêmes, l'observation n'en restera pas moins une chose fort difficile, et leur
interprétation une chose fort délicate et réservée aux seules
intelligences d'élite.

Ceci nous amène au second principe de la philosophie ba-

---

trument purement passif. Bacon dit bien, sans doute, à plusieurs reprises,
qu'il faut marier l'observation et la raison (*Nov. Organum*, I, 95 et *passim*);
mais, évidemment, c'est là une simple formule de politesse pour cette pauvre
raison, qui doit se laisser porter et guider en aveugle : *Restat unica salus ac
sanitas, ut opus mentis de integro resumatur, ac mens, jàm ab ipso principio,
nullo modo sibi permittatur, sed perpetuò regatur.* — Nov. Org., Præf., 2.

(1) Toute cette question de la causalité a été traitée avec une impartialité
très-remarquable dans la thèse de M. Jaumes, de Montpellier (1850), pp. 64,
73, 87 et suiv. Il est nécessaire de connaître ce travail, plein de conscience et
de talent, pour apprécier le rôle de la méthode intolérante de Bacon, et pour
comprendre ce qui lui a manqué. Si la thèse de M. Jaumes n'eût pas été faite
dans le sanctuaire même de la philosophie médicale anglaise, il est évident
qu'il ne se fût pas borné à cette demi-justice qu'il rend aux théories médicales (p. 44), et même aux autres théories (p. 75).

(2) C'est là, selon nous, une difficulté des plus graves dans l'emploi exclusif
de la méthode baconienne en médecine. L'expérience, en effet, est pour nous
une chose indispensable, et l'expérimentation ne nous est pas même permise.
Dans les sciences naturelles, au contraire, quelle différence ! L'homme peut
tourmenter la nature, c'est son droit; mais tourmenter l'homme lui-même,
qui osera le faire? Nous avons vu des philosophes, qui n'avaient pas la pierre,
trouver fort mauvais que Louis XI ait fait ouvrir la vessie d'un calculeux,
condamné à mort. Que serait-ce donc s'il s'agissait d'une expérimentation en
grand?

conienne, c'est-à-dire à la toute-puissance des faits, ou, si l'on veut, à celle des sens *aidés* par la méthode.

La vérité est loin de nous, assurément; mais, si longue que pût être la route qui y mène, elle ne le serait jamais assez pour effrayer l'homme, s'il était sûr de la trouver au bout. Mais, nous le répétons hardiment, il n'y a point de méthode infaillible; toute philosophie qui promet le contraire se trompe elle-même ou trompe les autres. Le syllogisme, il faut l'avouer, a jeté dans le monde un certain nombre d'erreurs qu'on devrait bien lui pardonner peut-être en faveur des grandes vérités qu'il a trouvées; mais où est l'homme qui osera prétendre que l'observation n'a jamais fourni que des vérités sans mélange (1)?

On dira : Si l'observation a fourni quelquefois des résultats faux, c'est qu'elle était mal faite.

Au premier coup-d'œil cela pourrait sembler incontestable et sans réplique. Cependant, avant de faire cette réponse si nette, il serait bon de prouver d'abord que l'observation bien faite donne toujours d'une manière infaillible ce qu'il y a de général et d'essentiel dans les choses; or, ceci nous semble difficile à prouver, et, sans sortir du domaine de la médecine, on montrerait aisément quelques mécomptes à ce sujet.

Et d'ailleurs, en admettant même que l'observation bien faite pût donner autre chose que des éléments pour la raison, il resterait toujours à savoir si cette observation elle-même (j'entends l'observation légitime et concluante), si cette observation, dis-je, peut devenir jamais une chose si simple et si *mécanique* qu'on puisse hardiment se priver de toute autre manière d'arriver à la vérité. La nouvelle école de Bacon est loin de paraître, à cet égard, aussi rassurée que Bacon lui-

_____

(1) Cette proposition serait du moins assez douteuse en médecine, ne le fût-elle que là.

même ; on convient généralement, aujourd'hui, que la méthode inductive n'est point à la portée des esprits vulgaires ; et ceci ne doit pas s'entendre seulement de ce passage du particulier au général, qui nous semble une des plus hardies opérations de l'esprit, on doit l'entendre aussi de l'observation elle-même, qui exige une foule de qualités peu communes.

Tout le monde, je le sais, se prétend observateur aujourd'hui, et c'est là sans doute une des causes de la fortune philosophique de l'induction ; mais quand on examine avec quelque sang-froid ces milliers d'observations toutes isolées, toutes contradictoires, et toutes faites cependant sous l'influence incontestée de la philosophie baconienne, on n'a pas besoin de beaucoup de réflexions pour sentir qu'il est difficile de bien voir ou de tout voir, et qu'il n'appartient même qu'à un fort petit nombre d'hommes de ne point se laisser aller à confondre un phénomène évident avec un phénomène essentiel, et quelquefois même avec une cause, ce qui est bien autrement dangereux encore (1).

On dira enfin que, si l'observation a donné quelquefois des résultats faux, c'est qu'elle agissait alors sur un trop petit nombre de faits. Mais où est le tribunal qui déterminera ce nombre toujours si petit ? Néanmoins, c'est assurément une des gloires de Bacon, d'avoir proclamé l'utilité des faits *en nombre*, et l'on n'aurait, sous ce rapport, que des éloges à donner au philosophe anglais, si la considération de cette utilité ne lui eût pas fait méconnaître le droit qu'ont quelques intelligences

(1) Une des causes de la fortune de l'induction, ce fut de se produire dans le monde avec la prétention avouée et répétée d'égaliser les esprits — *exæquare ingenia*, — chose infiniment agréable aux esprits médiocres. Mais, sous ce rapport, Bacon ne changea rien à l'ordre universel des choses : en médecine comme en tout le reste, le droit de bien voir et celui de conclure restèrent comme auparavant le droit exclusif du génie, ou du moins celui de l'instinct scientifique, cette divine εὐστοχία si enviée, si admirée de la Grèce, et qui n'est peut-être qu'une des transformations du génie.

de s'illuminer au contact de certains phénomènes qui passe-
raient inutilement sous les yeux inattentifs de deux ou trois
générations.

Bacon revient à chaque instant sur ce qu'il appelle des *anticipations de l'esprit*, c'est-à-dire sur les conclusions générales tirées d'un petit nombre de faits ; mais qu'on ouvre l'histoire des sciences et qu'on examine sans préjugés la marche
habituelle qu'elles ont suivie : on aurait trop beau jeu si l'on
voulait remonter jusqu'à Keppler ; n'allons donc point au-delà
du siècle où nous sommes, et nous verrons que dans l'ordre
des sciences physiques, par exemple, Malus, Ampère et Fresnel, ces hommes qui ont renouvelé ou plutôt qui ont créé la
physique moderne, nous verrons, dis-je, que ces hommes
n'avaient à leur disposition qu'un nombre de phénomènes qui
ferait sourire de pitié ces observateurs infatigables dont la
fonction semble être aujourd'hui d'encombrer la science. Les
faits parlent, tout le monde l'avoue ; mais, comme le vieux
Protée de Virgile, ils ne parlent guère qu'aux hommes forts,
aux hommes de génie.

Il y a cependant, à ce sujet, une chose qui peut tromper
naturellement les esprits légers et superficiels. Qu'on l'appelle
une *anticipation* ou un effort de génie, tout principe général
vrai, ou, si l'on veut, toute découverte doit favoriser jusqu'à
l'infini le facile développement des faits de même ordre : ces
faits eux-mêmes doivent nécessairement perfectionner le principe, ôter ici quelques obscurités, ajouter là quelques lumières, après quoi l'éternel essaim qui se jette toujours sur les
grandes choses a bientôt fait de s'en croire l'auteur.

Passons maintenant aux objections que la philosophie anglaise oppose à la méthode ancienne. Elles sont assez nombreuses ; mais nous n'examinerons que les principales.

Bacon d'abord, avec sa verve et son luxe d'images ordi-
naire, attaque et poursuit sans relâche, sous les noms d'*idoles*

de tribu, etc., les divers préjugés qui encombrent les abords de l'intelligence humaine (1).

Il y en a de plusieurs sortes ; et, dès que l'esprit s'est accoutumé peu à peu à l'onomaturgie un peu bizarre du philosophe, on reconnaît bientôt dans sa brillante analyse des idoles que chacun de nous caressait en effet, sous d'autres noms, dans le fond de son cœur ; mais, il ne faut pas s'y tromper, la plupart de ces préjugés n'appartiennent pas à une méthode plutôt qu'à l'autre : ils appartiennent au cœur humain, et malheureusement ils semblent en faire partie (2).

Qu'est-ce que ces idoles *de caverne*, par exemple, qui sont si nombreuses, et celles *de théâtre ?* Dans ces deux grandes catégories, combien d'idoles qu'il faut briser, sans lesquelles, pourtant, on ne comprend guère ni l'homme social ni l'homme philosophique ! Combien d'idoles qu'il faut abattre, pour les remplacer sur-le-champ par des idoles nouvelles ! Avec de l'éloquence et de l'esprit, il est facile de déclamer sur les préjugés que chacun de nous puise nécessairement dans *la nature propre de son esprit*, dans *son éducation, ses conversations, ses lectures*, dans *l'autorité* des personnes qu'on admire ou qu'on respecte, et enfin dans celle des *philosophies diverses* (3). Mais qu'est-ce donc que l'homme sans tout cela ? Qu'est-ce que l'homme sans *passions*, sans *tournure d'esprit propre*, sans *éducation*, sans *lectures*, sans respect pour l'*autorité ?* Assurément, ce n'est pas celui que nous connaissons. Au lieu donc de faire ainsi abstraction de l'homme, réglons, s'il est possible, l'autorité naturelle de ces idoles ; mais restons bien persuadés qu'il dépend de nous de les rendre utiles, et qu'en fin de

(1) Toute cette partie de la philosophie de Bacon se retrouve dans les premiers chapitres du Ier livre de Baglivi.

(2) Il est même fort douteux que tous ces préjugés soient des malheurs. — Nous verrons, dans un instant, que quelques-uns d'entre eux jouent peut-être un rôle très-utile, en variant les moyens de rechercher la vérité.

(3) *Nov. Org.*, I, 42 et 54.

compte la plus dangereuse de toutes c'est encore la triste manie de tout détruire pour tout recommencer sans cesse.

Il ne serait peut-être pas inutile, mais il serait assurément trop long d'examiner l'une après l'autre chacune des *ré-moras* dont parle Bacon.

On trouvera d'ailleurs, dans le premier livre de Baglivi, le développement de quelques-unes d'entre elles, de celles surtout qui se rattachent de plus près à la médecine ; mais ce développement, tout brillant qu'il soit, ne peut nous dispenser d'entrer nous-même dans quelques explications à cet égard.

Il y a d'abord une réflexion que nous faisions tout-à-l'heure, et qui, nous l'espérons, frappera tout le monde, comme elle nous a frappé nous-même.

Dans toute méthode philosophique, la première chose à faire, c'est de considérer l'homme tel qu'il est, et non tel qu'il pourrait être si les philosophes eussent été là dans le principe pour conseiller la divinité créatrice. Or, on peut mettre en fait que, dans toute méthode philosophique, ou du moins dans toute méthode *exclusive*, on a toujours considéré l'homme sous un point de vue unique, et méconnu par cela seul une des sources les plus pures et les plus abondantes de la fécondité humaine.

Il y a pourtant, dans l'organisation du monde intellectuel, un fait qu'on peut regarder comme nécessaire, puisqu'il se reproduit dans tout le reste de la nature ; et ce fait, c'est la variété, élément inépuisable de force et de puissance. Qu'on jette les yeux sur l'industrie et les arts, et l'on verra que toute conquête de l'homme repose sur cette heureuse variété de moyens, qui nous permet d'employer à chaque pas un instrument nouveau contre une difficulté nouvelle. Or, cette variété qui fait la force de l'homme dans l'ordre physique, pourquoi donc en méconnaître la puissance dans l'ordre intellectuel? On ne peut nier une chose, et personne ne la nie, c'est que chacun de nous apporte en naissant une tournure d'esprit spéciale, une véritable originalité, en vertu de laquelle celui-ci est plus frappé des ressemblances des choses, celui-là de leurs différences (1); l'esprit de l'un se complaît dans l'étude des formes générales ou des actions d'ensemble; l'esprit de l'autre ne voit ou ne peut voir que les détails intimes, l'anatomie des choses; et chacune de ces dispositions, si on la suppose portée à un degré très-éminent, peut aller jusqu'au génie. Or, maintenant, que fait Bacon? Devenu lui-même adorateur intolérant d'une de ces idoles de caverne qu'il voulait briser tout-à-l'heure, il consulte la nature propre de son esprit; il y trouve d'immenses ressources d'analyse, et dès ce moment tout le reste disparaît à ses yeux; la route qui convient à son intelligence, il faut que tout le monde la suive, sous peine d'être chassé de l'empire des sciences modernes, car l'idole de Bacon est une idole jalouse et très-exclusive : on perfectionne, il est vrai, on organise la méthode nouvelle de cultiver le champ de la science; mais, comme on ne veut qu'une manière d'y travailler, tout esprit qui n'est pas propre à cette manière est perdu pour les progrès de l'esprit humain. Or, si l'on jette un instant les yeux sur la liste des hommes qui ont été le plus loin dans l'étude de la nature, on s'apercevra bien vite que cette exclusion est injuste autant que malheureuse. Le champ de la science est comme ceux de la terre : il faut, pour le cultiver, des instruments de toute sorte; il faut savoir employer à l'occasion la robuste patience du bœuf et la vigueur hardie du cheval. Or, que font-ils ces novateurs imprudents qui, voulant réformer tous les préjugés et cédant eux-mêmes aux préjugés de leur esprit, n'apprécient que les qualités qu'ils possèdent, proscrivent d'un seul coup toutes les autres, ou

(1) *Nov. Org.*, l. I, aph. 55.

veulent du moins attacher sur le front du cheval le joug qui n'est utile que sur celui du bœuf.

C'est le génie seul qui donne aux divers instruments de la pensée la plus grande partie de leur valeur, et il y en a peu de mauvais pour les hommes d'un certain ordre.

Je dis plus : il y a tel instrument médiocre qui, dans les mains d'un homme donné, produira des résultats immenses, pendant que ce même homme, à cause de la tournure de son esprit, n'aurait rien retiré peut-être d'un instrument admirable qu'on eût mis de force entre ses mains. Laissons donc chacun choisir ses armes; perfectionnons celles qui nous conviennent, mais ne les imposons pas et n'en proscrivons point. La science est une lutte comme la guerre; or, quoique les théories militaires modernes aient donné à l'homme de pied une importance qu'on ne soupçonnait pas dans les armées de nos aïeux, que dirait-on d'un général qui voudrait, sous ce prétexte, bannir de son armée jusqu'au dernier de ses hommes de cheval?

Nous n'insisterons pas sur les *rémoras* singulières dont nous faisions le catalogue tout-à-l'heure, car il est probable qu'en mettant l'homme en garde contre *son éducation, ses lectures, ses conversations*, contre *l'autorité* enfin *et les systèmes philosophiques*, on ne prétend pas condamner toutes ces choses d'une manière absolue, mais qu'on entend seulement les condamner en tant qu'elles ne sont pas faites d'une certaine manière, qui est la seule bonne, *la nôtre* (1).

Il ne faut pas, d'ailleurs, attacher à cette partie de la méthode une importance de découverte. De quoi s'agit-il dans

_____

(1) Comment se fait-il en effet que tous les chefs d'école aient tenu, sous ce rapport, exactement le même langage, quel que fût leur point de départ? Qu'on lise cet admirable deuxième livre de la *Recherche de la Vérité*, où Baglivi semble avoir puisé de si beaux développements, et l'on y trouvera partout des accusations tout aussi nettes contre l'esprit, des plaintes tout aussi éloquentes contre *l'autorité contagieuse des imaginations fortes*.

tout cela? De l'autorité, c'est-à-dire du préjugé le plus naturel peut-être, mais aussi le plus attaqué dans tous les temps. On objectera ce fameux αὐτός ἔφη, qui faisait, dit-on, toute la science du moyen-âge; mais d'abord, ce n'est pas précisément du moyen-âge qu'il s'agit; dès avant Bacon les choses avaient déjà bien changé de face, et ensuite, si la pensée a subi trop longtemps ce honteux esclavage, l'histoire de la philosophie et des sciences n'en est pas moins pleine de révoltes contre le despotisme intellectuel et pleine de reproches contre cette abdication servile de l'intelligence. Ce n'est pas d'aujourd'hui qu'on a pris l'habitude de dire à l'esprit humain des vérités très-dures; et l'on a eu raison de le faire, car on l'a empêché ainsi de s'endormir dans sa paresse.

Je pourrais ajouter : et dans son orgueil, car nous allons voir maintenant un reproche d'une nature toute différente. C'était la pusillanimité de l'esprit qu'on accusait tout-à-l'heure; à présent c'est son audace.

Nous parlions, il n'y a qu'un instant, des anticipations de l'esprit, ou, si l'on veut, de ces élans rapides au moyen desquels la raison franchit d'un seul coup l'espace qui sépare les faits d'avec leurs lois; c'est là, aux yeux de Bacon, le grand crime de la philosophie ancienne; c'est la source fatale où les sciences, jusqu'à lui, ont puisé leur effroyable stérilité. Or, examinons en quelques mots la valeur de ce reproche.

Il est facile de proscrire d'un seul coup toutes les théories; mais ce qui est beaucoup moins facile, c'est de changer la nature de l'esprit de l'homme, qu'une sorte d'instinct constitutif et avoué emporte vers les abstractions (1). Il est facile d'envelopper d'un mépris général et très-souvent injuste tout ce qu'on a fait avant nous par une méthode différente de la nôtre; mais ce qui est moins facile, c'est de préserver ses disciples et

(1) *Nov. Org.*, l. I, aph. 51.

de se préserver soi-même de ces abstractions dangereures où tout homme est tombé, *suivant sa nature*, depuis le commencement des sciences. Il est facile de parler d'idées préconçues et d'affirmer que l'édifice entier des sciences n'a jamais reposé que sur ce fragile fondement, mais ce qui serait moins facile, ce serait d'en donner la preuve (1).

Les idées véritablement préconçues ne sont point communes; toutes les écoles, il est vrai, se font l'une à l'autre ce singulier reproche; mais c'est là, selon nous, une de ces calomnies dont les factions philosophiques ont l'habitude de se rendre coupables comme toute autre espèce de factions.

Il y a des théories construites sur des faits en trop petit nombre ou mal interprétés, cela n'est pas douteux, et le baconisme lui-même en est plein, surtout en médecine; mais jamais peut-être une seule de ces théories n'a mérité d'être flétrie de ce nom. Depuis Galien, par exemple, la médecine a été pendant quinze siècles dominée par la doctrine des quatre humeurs. C'était là une théorie fort générale, une hypothèse, une idée préconçue, une errreur si l'on veut; mais fera-t-on croire à personne que les hommes illustres qui ont essayé de rattacher à cette hypothèse l'immense variété des phénomènes morbides aient suivi, pour en arriver là, une autre route que celle de l'expérience et de l'observation? La médecine a vu naître et mourir bien des théories semblables; mais il n'y eut jamais qu'une manière de les faire, l'observation plus ou moins régulière, l'expérience plus ou moins complète.

Allons plus loin, d'ailleurs; examinons les procédés de la synthèse en eux-mêmes, et voyons s'ils méritent cette proscription dédaigneuse dont les a frappés l'illustre auteur de l'*Organum* (2).

(1) Cela, du moins, n'était plus vrai déjà du temps de Bacon, pour plusieurs des sciences naturelles; et l'on peut dire que, pour la médecine, cela ne l'avait presque jamais été.

(2) Il est clair que la synthèse que nous défendons, c'est la synthèse comme

Dans toute synthèse, dans tout syllogisme, la loi ou majeure est sûre ou supposée telle. Si elle est sûre, toutes les subtilités du monde sur les propositions et les notions (1) n'empêcheront pas les conséquences d'être bonnes ; si elle est supposée sûre, il arrivera de deux choses l'une : ou bien elle le sera réellement, et alors tous les faits connus viendront lui rendre témoignage ; ou bien elle sera fausse, et alors les faits l'auront bientôt renversée. Est-ce donc là un instrument si grossier, surtout lorsqu'il tombe aux mains d'un grand homme ? Et si l'on dit que les hommes de cette trempe sont rares, je réponds qu'ils sont rares dans toutes les méthodes, et qu'on en a besoin dans toutes. Est-ce une chose, par exemple, qui appartienne à tout le monde, que l'interprétation des faits et même leur classification, mots pompeux qui font fort bel effet dans les livres, mais qui promettent souvent beaucoup plus qu'ils ne peuvent tenir ?

Il y a même, à ce sujet, une chose qu'on oublie peut-être un peu trop. Si l'on en croit l'école de Bacon, ou même ceux qui parlent sous son influence, eux seuls ont l'art d'arriver à l'intelligence de toutes choses par l'observation scrupuleuse des

---

nous l'entendons, et nous l'entendons comme Dugald-Stewart. (*Esquisses morales*, nos 6 et 8). Il n'est ici question que de principes, et chacun a le droit de les circonscrire. Néanmoins, pour mieux faire comprendre notre pensée à cet égard, donnons un exemple que nous choisirons exprès dans les sciences physiques, parce que là les résultats sont palpables, et qu'il serait difficile d'en dire autant pour la métaphysique ou la médecine.

Vers l'an 1600, Jean Keppler, pénétré du principe pythagorique de l'harmonie numérale des mondes, part de ce principe et se met à la recherche des lois qui président au mouvement des astres dans le système solaire ; il essaie tour à tour diverses combinaisons systématiques, et soumet chacune d'elles au contrôle des faits connus. Keppler travailla longtemps, sans doute ; sa troisième règle lui coûta, dit-on, 17 ans de travail ; mais tout le monde sait ce qu'il en est résulté. Maintenant, libre à Laplace, à Delambre et à Bacon lui-même d'appeler ce point de départ de Keppler de *chimériques spéculations* d'harmonie ; Dieu veuille seulement envoyer de temps à autre sur la terre quelques chimères aussi fécondes !

(1) *Nov. Org.*, I, 14, et *De Augment.*

faits et leur classification rigoureuse. Pour ce qui regarde l'observation, depuis longtemps déjà, depuis Bacon si l'on veut, personne ne songe à s'y soustraire; mais, quant à cette autre prétention de classer rigoureusement les faits, on oublie trop que, pour classer des faits avec rigueur, il est absolument nécessaire de connaître d'abord à fond la nature de ces faits et leurs lois, c'est-à-dire précisément l'objet de la recherche. Or, cela ne ressemble-t-il pas à ce qu'on appelle dans l'école une pétition de principes?

Nous pourrions nous en remettre à l'un des plus fervents disciples de Bacon, à Baglivi lui-même, du soin de montrer l'utilité des théories; mais on a tant répété les déclamations baconiennes à cet égard, le préjugé de l'*analyse exclusive* a pénétré si avant dans les sciences, qu'il est bon de ne point glisser trop vite là-dessus.

Les deux ou trois générations qui nous ont précédés ont élevé la génération actuelle dans une profonde horreur des théories, des systèmes et des hypothèses; mais, à force de proclamer de toutes manières les prérogatives des faits et leurs propriétés exclusives, on est arrivé à ce résultat inévitable, qu'il y a des choses aujourd'hui qu'on croit des sciences et qui ne sont peut-être que des nomenclatures. Une science n'est rien, en effet, elle n'existe pas, tant que les faits qui doivent la composer n'ont pas entre eux cette dépendance naturelle qui résulte d'un principe général et commun. Dans les sciences de curiosité ou de bien-être, dans les sciences d'opinion ou purement spéculatives, cela peut bien n'avoir qu'un inconvénient médiocre, mais dans les sciences destinées à une application immédiate et nécessaire il n'y a pas de milieu, il faut courir les dangers de l'empirisme pur ou ceux des théories.

Ne parlons pas de cet empirisme brutal qui n'a, Dieu merci, jamais eu l'honneur de figurer sérieusement en médecine; mais, quant aux théories, nous essaierons de montrer qu'elles sont utiles à la fois et nécessaires, après quoi il sera presque inutile de montrer que tout le monde en a une, et quelquefois plusieurs (1).

Quand nous parlons de la nécessité d'une théorie en médecine, nous n'entendons même pas par ce mot un principe très-prochain de vérité absolue, au moyen duquel on dominerait toute espèce de phénomène morbide. Ce serait là, sans doute, la chose du monde la plus désirable; mais serait-on regardé comme un pessimiste bien outré si l'on émettait avec simplicité et modestie l'opinion que jamais l'homme n'aura dans la main ce *filum medicinale* que nous promet Bacon, ce qui n'est autre chose, probablement, que le secret de la vie (2).

Or, en attendant ce résultat si beau, mais si hypothétique, faudrait-il donc que la médecine restât à l'état d'expérience ou même de nomenclature?

Il y a bien des théories médicales, sans doute, et même il y en a de mauvaises; mais personne encore, Dieu merci, n'a mis en pratique cette médecine impassible qui ne serait, au fond, qu'une expérience de philosophie sur l'animal humain (3).

Et qu'on n'aille pas dire que cela vaudrait mieux que de mauvaises théories. Si l'on veut ne donner à nos paroles qu'un

(1) Pourquoi M. Jaumes, de Montpellier, se défend-il *de faire l'éloge des systèmes*, lui qui montre si bien que les *synthèses anticipées et boiteuses de Descartes ont produit cependant de bonnes choses* en médecine (p. 45); lui qui propose une *logique des vraisemblances médicales* (p. 104); lui, enfin, qui sait tout ce que donne de force à la médecine cette belle théorie du principe vital qui, un jour peut-être, régnera sur la science, mais qui ne s'est pas encore imposée à elle, comme ferait l'évidence?

(2) Ceux qui tiendraient absolument à connaître ce *secret* pourront voir dans la belle introduction à la *Chimie* de Berzélius quelques motifs de désillusion à cet égard.

(3) Baglivi (l. II, ch. III, 2), examinant les moyens de faire l'histoire d'une maladie, recommande de ne point s'occuper alors de l'utilité des malades (*non cogitet de afferenda ægrotis utilitate*); mais on peut croire que Baglivi n'a jamais poussé la philosophie jusque là.

sens raisonnable et bienveillant, nous ne craindrons aucunement d'accepter la proposition contraire. — Nous nous expliquons :

Ainsi que nous le disions tout-à-l'heure, nous sommes loin de partager l'illusion qui promet à l'homme, dans un avenir plus ou moins éloigné, la découverte d'un fil médical au moyen duquel la médecine pourra marcher tranquillement dans le labyrinthe des maladies. Après deux cents ans de résultats négatifs, il faudrait autre chose que la promesse d'un philosophe pour justifier de si ambitieuses espérances ; mais, après tout, quand il s'agit d'une science dont l'application est journalière et forcée, une théorie n'a pas besoin d'être la vérité absolue pour se montrer utile dans la pratique. — Essayons de le montrer.

S'il était possible de se créer une loi, physique ou autre, à laquelle on pût à chaque instant comparer l'état de l'homme ; assez souple pour se fléchir aux mille caprices de la vie, saine ou malade ; assez évidente pour qu'on ne la perdît jamais de vue dans la nuit sans bornes qui couvre la constitution de l'homme vivant, on aurait précisément le *filum medicinale* de Bacon, et la médecine serait infaillible. Jusques-là, elle sera invinciblement sujette à l'erreur, comme tout ce qui n'agit pas sur l'immobilité ou l'inertie (1).

(1) Il nous semble que l'illusion où nous sommes généralement sur la perfectibilité indéfinie de la médecine vient surtout de la place qu'on lui assigne dans le tableau encyclopédique des connaissances humaines. Dans la *Répartition générale des sciences*, Bacon place la *médecine* tout entière avec la *cosmétique*, l'*athlétique*, la *voluptuaire*, dans la *science du corps de l'homme*. Il est évident que la place est un peu étroite pour la médecine ; mais on doit avouer que, si la science du corps de l'homme comprend la médecine tout entière, celle-ci devient une *science purement physique*, c'est-à-dire calculable, et par conséquent indéfiniment perfectible.

Nous savons bien qu'à Montpellier on n'a point accepté la décision de Bacon à cet égard, et qu'on y a élargi le cercle de la médecine en y faisant entrer la *science de l'ame sensible ou produite* ; mais cela n'engage que Montpellier ; et, d'ailleurs, si l'on convient, comme M. Lordat, que ce principe a une *sponta-*

Mais, à défaut de ce fil impossible, il en est d'autres qui peuvent, du moins, nous faire éviter les dangers les plus grands, ou nous en retirer. Il y a quelques-uns de nos fleuves dont le fond mobile et tourmenté nous paraît l'exacte image de ce qui se passe sous les eaux de cet autre fleuve qu'on appelle la vie : ce sont partout des écueils insaisissables, qui tous les jours changent de place et de nature; et, malheureusement, c'est à la douteuse clarté des étoiles, que la médecine est obligée de guider la course de l'homme au milieu de tant de périls. Que faire, cependant? car ce fleuve, il le faut descendre! Les pilotes appellent à leur aide chacun des sens où ils trouvent le plus de perfection, chacune des théories qui pénètre mieux la nature de leur esprit. Malgré l'obscurité de la nuit, les uns apprennent à doubler par l'exercice la vigueur d'une vue perçante; d'autres les suivent, qui ont su forcer leurs oreilles à distinguer de loin des bruits confus pour tout le monde, et les symptômes du danger, qui se révélaient d'une manière à l'œil des premiers, se révèlent d'une manière différente à l'oreille des seconds. Viennent ensuite d'autres pilotes; ceux-là disent : Voyons, si nous pouvons; entendons, si c'est possible; mais, avant tout, considérons la nef elle-même que nous avons à conduire et la hauteur des eaux : si la barque est trop légère, lestons-la; si elle est trop lourde, rendons-la plus légère, et passons.

Voilà bien trois théories fort différentes, et il y en aurait

néité, une *providence individuelle*, il est évident que la médecine se complique immédiatement d'un élément inaccessible au calcul. Or, une science de cette espèce doit s'appeler un art. C'est là une vérité qui serait évidente peut-être, si, au lieu de classer les connaissances humaines d'une façon arbitraire, on les rangeait, d'après leur objet, suivant qu'elles seraient fondées plus ou moins sur l'*immuabilité*, l'*inertie* et la *spontanéité;* les deux premières catégories formant les sciences d'*accumulation* ou *collectives*, indéfiniment perfectibles, en raison même de leur objet, et la troisième catégorie comprenant toutes les sciences personnelles ou *arts*, nécessairement mobiles et défectibles, à cause de la *spontanéité*, qui échappe au calcul.

d'autres, sans doute : c'est la fidèle image des écoles médicales. Interrogez ces pilotes ; tous vous répondront qu'en dehors
de leur méthode il n'y a que *théories, hypothèses* et *nuages*.
Et cependant, malgré des naufrages sans nombre, qui oserait
dire que le hasard vaut mieux que la moins bonne de ces trois
théories ? Et qui oserait dire ensuite que l'observation des faits
pourra donner un jour d'une manière infaillible la clé de
cette mobilité sans bornes ?

Qu'on y songe : il y a trois cents ans bientôt que les médecins recueillent des faits, et ils en ont recueilli de très-beaux ;
il y a cent cinquante ou deux cents ans que tous ces faits sont
dans les mains d'une école rigoureuse, qui se prétend en pos-
session d'une méthode sûre pour arriver, par l'analyse des phénomènes, aux lois de ces phénomènes et de là à leur essence ;
or, avec tout cela et dans la supposition bien naturelle où l'on
voudrait définir la médecine simplement l'art de guérir, y a-
t-il beaucoup d'hommes sérieux qui puissent croire à ces progrès si vastes dont l'orgueil des écoles fait tant d'étalage ?

Ce qui trompe à cet égard, ce sont les progrès visibles des
sciences naturelles. Qu'on en fasse honneur à l'induction seule
ou au mélange heureux de l'induction et de l'ancienne philosophie, ces progrès n'en sont pas moins incontestables ; mais
c'est à l'induction seule qu'on les rapporte généralement. Or,
voici ce qui arriva : quoique la méthode eût été donnée comme
générale, il n'en était pas moins évident que les sciences naturelles en avaient surtout profité. De là à conclure que les sciences naturelles seules pouvaient profiter de cette méthode, il
n'y avait qu'un pas, et les naturalistes le firent sans balancer.
Eurent-ils raison ? La question ne nous semble pas résolue ;
mais, à l'exception des métaphysiciens de profession, presque
tout le monde fut de leur avis. On révisa donc le testament du
maître, et les naturalistes refusèrent nettement aux métaphysiciens la part d'héritage que ceux-ci revendiquaient.

Dans un ouvrage très-grave, publié en 1825, sous le titre modeste de *Préface*, Jouffroy entra dans ce procès et y plaida longuement la cause de la métaphysique. Les raisonnements de Jouffroy sont exposés, certainement, avec cette précision élégante qui distingue les écrits de ce philosophe; mais, s'il vint à bout de prouver aux naturalistes de la matière deux choses qu'on devrait n'avoir pas besoin de prouver, la *réalité* des faits de conscience et la possibilité de leur observation, il y eut une troisième chose que ni lui ni d'autres n'ont jamais démontrée, la réalité des progrès de la métaphysique.

Nous avons certainement à cet égard des mots nouveaux sans nombre; mais des mots ne sont pas des choses, et les naturalistes ont toujours, selon nous, le droit de douter que les métaphysiciens de nos jours en sachent réellement sur les faits extra-physiques plus que Platon, saint Thomas et Malebranche (1). Or, ce doute, qui nous semble raisonnable, deviendrait fort ridicule si on l'appliquait à la physique, par exemple.

Les naturalistes se trouvèrent donc les maîtres du terrain ; ils en profitèrent et se firent leur part dans le domaine des sciences. C'était leur droit, et il n'y eut pas la moindre discussion tant qu'il ne s'agit que de sciences en dehors de la vie; mais pour l'homme la question devint douteuse. Il se forma alors une science intermédiaire, qu'on appela la physiologie. Ce devait être un moyen terme entre la métaphysique et les sciences naturelles; mais les physiologistes étaient partis du camp des naturalistes et ils firent la guerre pour le compte de

(1) Il faut même dire, à la louange des métaphysiciens, que plusieurs d'entre eux ont complètement renoncé à cette prétention. Cette fameuse doctrine elle-même du *principe vital* ou *ame sensible*, qui donne à l'école de Montpellier un caractère métaphysique si élevé, il serait facile d'en suivre la trace jusqu'à des temps *fort voisins des dieux*, suivant la belle expression de Cicéron (*De Leg.*, ii, 11) et de Sénèque (*Epist.*, xc).

ces derniers. La science de l'homme sain resta cependant sans trop de luttes à la métaphysique, mais sur l'article de l'homme malade les naturalistes reprirent tous leurs avantages; ils vinrent et dirent : Cette science est à nous. Cependant, de toute évidence, cela ne suffisait pas pour que cette science fût à eux : ce n'était pas tout de montrer dans l'homme des cordes, des poulies, des ressorts, des leviers, des soufflets, des tubes et autres *instruments* de statique et d'hydrostatique, susceptibles de lésions évidentes et certaines (1); il eût fallu prouver, en outre, que c'était là tout l'homme; et cela, je crois, restera toujours assez difficile, tant qu'il sera loisible à un homme de bon sens de demander au besoin à toute une académie de médecine quel est l'organe ou l'instrument qui manque à un cadavre.

Or, c'est là une question qu'il faut résoudre avant tout. Si la physique est dans son droit en montrant les organes qui constituent le phénomène sensible de l'homme, la métaphysique est dans le sien en montrant à sa manière qu'il s'agit, après tout, d'un ensemble assez complexe, et que l'homme n'est essentiellemeut qu'un *animus* servi par une *anima* et des *organes*.

De deux choses l'une : ou cette proposition est vraie, ou elle est fausse. Chacun peut, à ses risques et périls, accepter l'une ou l'autre de ces hypothèses ; mais une hypothèse absolument inadmissible, c'est que cette proposition soit indifférente en médecine. L'école de Montpellier a employé le même dilemme et s'en est fait une arme puissante contre ceux qui ne daignaient pas baisser la tête pour examiner sa belle théorie du *principe vital* ou de l'*anima;* mais qui empêchera les stahliens de retourner le raisonnement contre elle ? Avec tout le respect qu'on doit à deux grands personnages qui, depuis soi-

(1) Baglivi, l. I, ch. xi, 7.

c

xante ans, ont dirigé le vaisseau de la médecine à travers trois ou quatre tempêtes médicales, on peut bien leur demander s'ils n'ont pas fait eux – mêmes trop bon marché de l'étude complète de l'homme, et transigé d'une manière coupable en écartant comme inutile la considération d'une partie de nous-mêmes, essentiellement active et influente, si elle existe.

C'est donc là, je le répète, une question à résoudre avant tout. Appelons nos adversaires des *métaphysiciens*, parlons d'*hypothèses* tant que nous voudrons, de théories et de *nuages*, tout cela ne fait rien à la chose ; la constitution de l'homme n'en est pas moins une question fondamentale, sur laquelle il n'est pas permis de glisser. Si le *principe vital* existe, tous les dédains du monde n'y feront rien, et jamais il n'y aura de médecine complète sans la considération incessante de cet élément de l'homme. Et j'ajoute : si l'*animus* peut avoir une influence quelconque sur le *principe vital* et les *organes*, il est tout aussi impossible qu'il y ait jamais une médecine complète sans l'incessante considération de cet élément métaphysique de l'homme. On n'est point libre à cet égard : médecins, moralistes et métaphysiciens, personne n'a le droit de compter sur des résultats un peu clairs, si l'on veut étudier isolément l'un ou l'autre des principes constitutifs de l'homme.

Des comparaisons prouvent si peu, qu'il ne vaut guère la peine d'en faire. Que dirions – nous cependant de l'artiste imprudent qui, chargé de réparer une machine hydraulique, n'y voudrait voir que des rouages ? Qu'arrivera – t- il ? Auscultée de tous côtés, percutée de toute manière, la machine aura bientôt fait de laisser arriver l'œil de l'artiste jusqu'à la lésion *organique* qui est la cause immédiate du dérangement. L'habile ouvrier répare l'*organe* et s'en va. Mais, l'*organe* réparé, la machine n'est pas *guérie*, le mal se reproduit à la même place ou autre part. D'où vient cela ? C'est que la *maladie* vient de plus haut. Moins imbu du préjugé des organes, un autre artiste vient et trouve cette cause dans les modifications éprouvées par le *principe vital* de la machine, qui est le régime de l'eau motrice. Ce régime est ramené à ses conditions normales, et l'artiste s'en va. Pourquoi, cependant, la maladie obstinée persiste-t-elle à reparaître ? C'est qu'elle vient de plus haut encore ; et peut-être il faudra qu'un troisième artiste vienne pour montrer que la maladie tout entière résidait dans l'intelligence chargée d'animer la machine et de veiller au jeu libre et régulier du *principe vital* et des *organes*.

On objectera à cela deux choses peut-être :

La première, que ce dernier point regarde la morale. Or, cela se peut, à la rigueur ; mais la seule conclusion qu'on en puisse tirer, c'est qu'il faut bien se garder alors de bannir de la médecine les considérations morales et métaphysiques ; et la morale, d'ailleurs, n'est pas le moins du monde la seule manière d'agir sur l'ame (1).

La seconde objection qu'on pourra faire, c'est qu'à cet égard la doctrine des écoles est peu de choses, puisqu'au fond toutes les écoles enseignent à employer les influences morales ou à les combattre. Mais qu'est-ce que cela prouve, si ce n'est qu'il y a chez nous d'heureuses inconséquences, et qu'on y fait pour les théories ce qu'on fait pour bien d'autres choses : on les calomnie et l'on s'en sert ? Est-il bien sûr d'ailleurs que ce vague enseignement puisse avoir des résultats bien utiles ? On serait dans une erreur profonde si l'on croyait que personne, aujourd'hui, ne jure plus sur la parole du maître ; et si le maître a posé en principe la séparation absolue et quelquefois même la négation de la métaphysique, il est croyable que bien des disciples, sortis tout faits de l'école, ne voudront jamais voir dans le malade qu'une machine dérangée ou des lésions de rouages.

(1) Baglivi, l. I, ch. xiv.

Demandez à ceux-là ce qu'ils pensent des théories : « Ce qu'on ne voit pas, disent-ils, et ce qui n'existe pas, c'est tout un ; *de non apparentibus et non existentibus eadem est ratio.* » Affirmer que l'homme est tout entier dans ses organes, ou du moins que la maladie ne peut être que là, c'est ce qu'ils appellent n'avoir pas de théories ; mais qui est-ce qui n'en n'a pas ? C'est ce que nous allons examiner, après avoir fait remarquer toutefois que, pour ceux qui veulent bien l'entendre, il ne faudrait pas d'autre preuve peut-être que les théories sont absolument nécessaires.

Commençons par le père de la médecine.

Au premier coup-d'œil, on serait tenté de croire que toutes les théories du monde sont dans Hippocrate, sans parler même de la théorie fort absolue qui veut les proscrire toutes. Ouvrez au hasard un livre de médecine, quelle que soit l'école d'où il vienne, et soyez sûr que vous en trouverez la doctrine appuyée sur le grand nom d'Hippocrate ; mais c'est là un des inconvénients du génie, d'avoir à répondre de beaucoup de choses. Passons donc là-dessus ; mais qu'est-ce que sa *nature médicatrice* ? On dira : Ceci n'est pas une théorie, mais un fait. C'est à peu près ce que disent de leurs doctrines tous ceux qui veulent les faire prévaloir : ce ne sont jamais des théories, mais des faits. On ne peut nier cependant que le fait en question soit loin d'avoir ce degré d'évidence qui entraîne invinciblement l'assentiment général, et, s'il en faut juger par la pratique très-active de la plupart des écoles modernes, on ne se fie guère nulle part aux efforts de la nature médicatrice : il y a d'ailleurs le cadre entier des maladies chroniques où cette théorie devient complètement insuffisant ; et, même par rapport aux maladies aiguës, il est bien permis de rappeler du moins que l'un des plus illustres successeurs d'Hippocrate l'avait appelée d'un nom terrible, une *méditation sur la mort.*

Entre Hippocrate et Galien il y eut bien d'autres écoles ;
mais à quoi bon insister sur chacune d'elles ; qu'est-ce que
l'histoire des écoles, sinon celle des théories? Arrivons donc à
Galien, qu'il suffit de nommer pour réveiller l'idée de système en médecine. La profondeur et l'étendue de ses connaissances donnèrent aux doctrines de ce grand homme une
influence qu'on ne peut comparer qu'à celle d'Aristote en
philosophie, et, pour l'un comme pour l'autre, il entra peut-
être un peu de rancune dans la guerre acharnée qu'on leur
déclara vers la fin du seizième siècle. Quoi qu'il en soit d'ailleurs, les théories de Galien furent la médecine entière pendant quinze cents ans, et cela suffit pour la thèse que nous
soutenons.

Mais c'est là précisément, dira-t-on, ce qui rendait la ré-
forme nécessaire : si la médecine se traînait toujours incom-
plète, toujours la même, c'est qu'elle se traînait dans l'or-
nière des théories; et il fallut que Bacon vînt révéler au
monde qu'on ne pouvait rien faire avec des théories, et qu'on
ferait tout avec l'induction.

Les éditeurs de Bacon, je le sais, déclarent sans balancer
que tout fut renouvelé dans les sciences à dater de son livre (1). Il est donc probable que, dès lors, nous allons trouver
la médecine moderne complètement dégagée de tous ces systèmes où l'on emprisonnait les faits.

(1) Voici, en effet, ce qu'on dit simplement : « Ce qui prouve bien que Bacon,
comme Papin et Watt, était inventeur, c'est que tout, dans les sciences, a été
renouvelé à dater de son livre » (F. Riaux). — Nous espérons que les faits
observés par la philosophie inductive pure sont généralement moins contestables que celui-ci, du moins quant au fond. De l'aveu de tout le monde, la
philosophie de Bacon fut longtemps à se faire connaître, et voici ce que pen-
sait de son influence sur la marche des sciences un homme qui avait toute
espèce de droits et de raisons pour en parler : « Ses méthodes de découvrir la
vérité... furent admirées des philosophes, *mais ne changèrent pas la marche
des sciences* » (Condorcet, *Tableau des Prog.*, VIIIᵉ Epoq.).
C'était là aussi, à peu près, l'opinion du vénérable Dugald-Steward, qui
le considère surtout comme l'expression de l'âge où il vivait (*Esquisses morales*, nᵒ 9).

Cependant, voici d'abord l'école de Descartes, qui reconstitue la médecine à son point de vue et la fait reposer tout entière sur deux ou trois principes de la physique générale nouvelle.

Le siècle de Descartes n'était pas fini, que la médecine était devenue, en Italie, un simple problème de mécanique; c'était déjà une simple question de chimie en Hollande. L'Allemagne enfin éleva la voix, et Stahl, indigné, prétendit qu'il fallait bien compter l'ame pour quelque chose. Il la compta pour tout, et dès ce jour les liquides, les solides et l'ame, ces trois éléments de l'homme les plus évidents, devinrent, chacun à part, la clé des phénomènes morbides pour la médecine moderne.

La chémiatrie de Sylvius, le mécanicisme de Bellini et l'animisme de Stahl eurent bientôt fait de se diviser en un certain nombre d'autres écoles, qui toutes prétendaient posséder la vérité absolue. Où trouver des noms pour exprimer chacune de ces théories, modifications plus ou moins radicales des trois grandes idées primitives? — C'est Glisson d'abord qui jette de loin les fondements de l'irritabilité hallérienne; c'est Hoffmann ensuite qui, développant le solidisme adouci de Baglivi, donne à la fibre un mouvement *propre* et résume la médecine en deux mots : *spasme* et *atonie;* c'est Boerhaave, qui combine ensemble Sylvius et Bellini, et qui en outre persuade à l'Europe médicale que l'inflammation n'est autre chose qu'une erreur de lieu. Mais l'animisme s'introduit en France et s'y développe. Pendant ce temps-là, Cullen, en Ecosse, voit tout dans le système nerveux, et Brown explique tout par une propriété mystérieuse qu'il appelle l'*excitabilité*. Montpellier abandonne l'animisme de Sthal et embrasse une très-vieille theorie philosophique qu'on retrouva toute faite dans Bacon, quoique celui-ci se fût donné pour mission de détruire les théories. Modifié profondément à

Montpellier, l'animisme subit à Paris des transformations qui
le rendent méconnaissable. Bientôt après, le règne de l'anatomie commence : c'est elle désormais qui se charge de l'a-
venir de la médecine. Le précurseur de Broussais, John Hun-
ter, crée, dit-on, la *véritable physiologie pathologique;* puis
viennent l'organicisme, le physiologisme, le stimulisme, et
enfin, comme expression la plus pure de cette philosophie baconienne invoquée par tout le monde, la médecine statistique.

Voilà pourtant le siècle qui a traité avec un si superbe dédain l'esprit de système, les théories anciennes et même les
qualités occultes.

Du reste, à les en croire séparément, aucune de ces écoles n'a de théorie; mais personne n'est juge dans sa propre
cause, et l'on ne voit que les théories de l'école voisine. Demandez par exemple à celle de Montpellier ce qu'elle pense
du solidisme, de l'organicisme et du physiologisme, qui tour-
à-tour ont fait le fond des doctrines de Paris? — Théories !
— Demandez à l'école parisienne ce qu'elle pense du semi-
stahlianisme de Montpellier ? — Hypothèses et nuages !

Otez la dédaigneuse âpreté des mots, et vous retrouverez
sous l'injustice de l'expression un fonds de vérité incontestable ; c'est qu'en effet, à l'exception des statisticiens, personne jamais n'a fait école en médecine autrement qu'avec
des théories, c'est-à-dire autrement qu'avec des généralisations qui représentaient à un point de vue spécial l'ensemble des phénomènes morbides.

Ainsi donc, il nous semble difficile de nier l'utilité des
théories, et il n'y a au monde que le plus intraitable de tous
les orgueils, l'orgueil de faire école, qui ait pu vouloir briser
ainsi dans la main de l'homme un des deux instruments qui
lui ont été remis pour arriver à la vérité. Le génie de Bacon
embrassait le monde; mais lui qui tenait avec une noble

constance pour l'*hypothèse* de Ptolémée, lui qui acceptait sans
balancer une *théorie* anthropologique fort belle sans doute et
fort utile, mais appuyée seulement sur de véritables subtilités
d'exégèse (1), s'il avait pu prévoir la part si large que se
sont faite, dans le mouvement général des sciences, une
foule de théories très-systématiques et très-hardies, depuis
Copernic et Keppler jusqu'à quelques hommes de nos jours,
il se fût bien gardé de proscrire d'une manière absolue ces
fameuses *anticipations de l'esprit;* il en eût réglé l'usage, au
contraire, et peut-être il les eût rendues plus utiles et plus
sûres, en y appliquant cette extraordinaire pénétration qu'il
a mise au service d'une méthode exclusive et isolée.

Je sais ce qu'on dira. On montrera les sciences en marche
vers la perfection, et l'on dira : Voyez!

Cette objection mérite qu'on s'y arrête, car elle est très-
spécieuse, et, aux yeux des hommes prévenus, c'est à Bacon
seul et à sa doctrine qu'on doit rapporter tous les progrès des
sciences modernes. Cependant, il est bon de s'entendre à cet
égard.

Si l'on veut dire que la méthode nouvelle, comme un
levain salutaire, ait introduit dans la masse des sciences anciennes une fermentation pleine de mouvement et de vie,
rien de plus juste que cette proposition. Nous l'avons dit déjà,
et nous tenons à le répéter : Cette manière d'arriver par des
faits plus ou moins méthodiques à des vérités plus ou moins
générales n'est pas du tout ce que nous combattons; ce que
nous combattons, c'est la prétention de cette méthode à l'in-
faillibilité, et, comme conséquence de cette première faute,
la prétention d'exclure toute autre méthode : ce qui est à la
fois une ingratitude et un malheur. Je dis une ingratitude,
car les sciences modernes elles-mêmes, enrichies par les

(1) *De Augment. scient.*, l. III, ch. IV, et l. IV, ch. III.

faits, n'ont guère fait de grands pas que par les illuminations
du génie ; je dis ensuite un malheur, car, à force de cour-
ber ainsi la tête de l'homme pour l'empêcher d'élever ses
regards, on a éteint, probablement, de bien nobles hardiesses (1). — Le grand avantage de l'induction, ç'a été d'appeler à mouvoir les sciences une foule d'esprits qui n'au-
raient été jamais sans cela que de simples spectateurs. Cet
avantage, qui le nie ? Personne ; mais il n'aurait pas fallu sous
ce prétexte calomnier l'esprit de l'antiquité, et chercher à
faire oublier le rôle créateur qu'il continue de jouer dans les
sciences (2).

(1) Dans l'éloge de T. Young, M. Arago a fait une réflexion pleine de justesse, qu'on sera bien aise peut-être de trouver ici : « On a vraiment besoin,
dit-il, de se rappeler à combien peu de personnes la nature départit cette précieuse faculté de s'étonner à propos. » Ce sont ces *étonnements* si rares et si
heureux qui constituent ce que j'appelle des *révélations*, phénomène intellectuel où le mécanisme inductif entre pour bien peu de chose.

J'ai dit que les sciences n'avaient guère fait de grands pas que par les illuminations du génie ; j'aurais pu dire avec autant de justesse par *ses témérités* ; mais
toute témérité disparaît quand l'induction est venue, *suivant sa nature*, con-
firmer les synthèses du génie. Ceci rappelle un mot très-vif de Fresnel. Dans
une conversation qu'il eut avec un de nos plus grands géomètres, ce dernier
accusait l'illustre physicien *d'avoir trouvé de fort belles choses en raisonnant
mal*. Fresnel répondit assez durement au géomètre qu'on ne lui ferait pas le
même reproche, car *il n'avait rien trouvé en raisonnant fort juste*.

(2) Voici à cet égard l'opinion d'un homme dont toute la vie a été un dé-
vouement aux siences modernes : « Ce serait, dit M. de Humboldt, méconnaître
« la dignité de la nature humaine et *l'importance relative des facultés dont
« nous sommes doués*, que de condamner tantôt la raison austère qui se livre
« à l'investigation des causes et de leur enchaînement, tantôt *cet essor de
« l'imagination qui prélude aux découvertes et les suscite par son pouvoir créa-
« teur* » (*Cosmos*, t. 1, p. 78).

Voici, du reste, l'idée qu'il donne un peu plus haut de l'*expérimentateur
rationnel :* « Il n'agit pas au hasard, dit-il ; il est *guidé par des hypothèses
« qu'il s'est formées*, par un pressentiment à demi instinctif et plus ou moins
« juste de la liaison des choses ou des forces de la nature (*Ibid.*, p. 72).

Dans la patrie même de Bacon, le fils de l'illustre Herschel déclare « qu'il
« ne peut y avoir de véritable philosophie sans un certain degré de hardiesse
« dans les *conjectures*. Les hypothèses sont toujours nécessaires dans une science
« avant que la théorie ne devienne une chose tout-à-fait fondée... Ces hypo-
« thèses hardies doivent donc, à certaines époques de la science, être accueil-
« lies plutôt que découragées » (*British Assoc.*, *fort the advanc. of sciences*,
juin 1842, Manchester).

Veut-on dire, en effet, comme les éditeurs de Bacon et un peu comme Bacon lui-même, que tout fut changé dans les sciences à dater de son livre? Cette proposition est aussi fausse dans le fond que dans la forme. — J'entends par la forme ce qu'on dit et par le fond ce qu'on veut dire. — Ce mouvement si admirable, dont on se donne tout l'honneur, il était commencé de toutes parts quand parurent les livres de Bacon, et l'on n'a pas besoin pour le prouver du témoignage très-formel de Condorcet à cet égard.

Ajoutons seulement ici une considération qui ne pourra manquer de frapper ceux qui n'ont pas oublié tout-à-fait les pères de la science moderne.

De l'aveu même des admirateurs du philosophe anglais, la philosophie baconienne n'a eu dans sa patrie qu'une action assez lente; à la fin du dix-septième siècle seulement elle pénétra en Italie, où on l'accueillit surtout à cause d'une certaine ressemblance exagérée avec la philosophie florentine; ce n'est que vers le milieu du dix-huitième siècle qu'elle fut reçue en France, et l'on peut dire à peine qu'elle ait pénétré en Allemagne. Faut-il donc effacer dans chaque pays tout ce qui a précédé ces époques? On objectera, je le sais, qu'il ne s'agit pas de Bacon, mais de l'esprit philosophique dont il a été l'organe.

Voici ce que j'aurai à répondre : Avant d'être formulée par le chancelier d'Angleterre, la doctrine de l'expérimentation n'était point *exclusive* comme il l'a faite; c'était un élément nouveau qui venait secouer le génie de la science antique, en doubler la puissance et susciter des merveilles que nous faisons semblant d'oublier; mais cette doctrine qui venait aider l'ancienne ne venait point la détruire; cette gloire, si c'en est une, est la gloire de Bacon, et peut-être il est permis de douter qu'on lui doive pour cela beaucoup de reconnaissance.

Quant à l'application pure et rigoureuse de la méthode baconienne, il est difficile de savoir ce qu'elle eût produit, car cette application n'a jamais été faite ainsi qu'en théorie. La plupart des grands hommes modernes qui ont su *s'étonner* à propos ont su aussi voir de loin ; aucun d'entre eux n'a eu besoin d'un encombrement de faits, et leurs théories, discutées, admises ou renversées, ont toujours eu pour résultat de susciter rapidement des vérités nouvelles.

Il est question ici de sciences naturelles, bien entendu ; car, pour la médecine, la chose est beaucoup moins claire et les progrès plus contestables. Tout le monde.en parle cependant : c'est le mot de toutes les écoles ; mais où sont-ils, ces progrès si vantés? (1) Plein de reconnaissance et d'admiration pour les hommes éminents dont la parole, l'exemple ou les écrits ont dirigé ma jeunesse, personne, j'en suis sûr, ne m'accuserait de leur manquer de respect, si je les comparais à ces vieux galénistes dont Baglivi portait si haut la pratique admirable (2).

On parlera de cette chose mobile et curieuse qu'on appelle la physiologie, de cette autre qu'on appelle l'anatomie pathologique, et enfin des ressources puissantes que nous fournissent chaque jour la chimie nouvelle et les arts.

On pourrait d'abord répondre, en principe, que les progrès de la chimie, de l'anatomie pathologique et de la physiologie prouvent une chose : c'est que ces sciences, très-voisines de la médecine, sont bien loin cependant d'être la médecine elle-même, puisque de toute évidence elles ont marché sans elle.

(1) Nous retrouvons ici ce même parrallélisme de la médecine et de la métaphysique, qui deviendrait une chose toute simple s'il était bien convenu que la médecine est une science où la métaphysique joue un rôle aussi considérable que la physique ou la mécanique. On disputait autrefois sur les idées et sur la fièvre ; on dispute aujourd'hui sur la fièvre et sur les idées, et tout semble faire croire que la discussion est loin d'être finie.

(2) Baglivi, l. I, ch. XI, n° 5.

Mais cette réponse a beau être juste, elle pourrait sembler peut-être un peu concise. Arrêtons-nous donc un instant.

Quant à la physiologie, il y en a de plusieurs sortes. Pour les uns, la physiologie consiste à savoir quel filet nerveux donne à tel organe ses propriétés fonctionnelles, et ensuite quel est le produit ou résultat d'un organe mis en fonction; cette sorte de physiologie organique a fait des progrès immenses. — C'est la science des rouages. — Un peu plus loin, on ne se contente plus de cela; on regarde avec une certaine tristesse cet immense amas de travaux remarquables, d'où il n'est pas sorti encore une seule conséquence biotique. Or, pour ceux dont nous parlons, ces conséquences sont précisément la physiologie véritable, — c'est la science du ressort.

Dévoué de cœur à cette dernière théorie, qui nous.paraît seule approcher de la vérité, nous ne pouvons cependant nous déterminer à la considérer comme un grand progrès en médecine, puisqu'elle nous semble à peu près aussi vieille que la médecine elle-même et que la philosophie (1); mais, quant à la physiologie organique, si l'on ne peut rien prévoir sur l'avenir qui lui est réservé, il est bien permis, du moins, de parler de son passé.

Les XVIIIᵉ et XIXᵉ siècles ont-ils fait une seule découverte physiologique dont on puisse comparer l'importance avec celle de la circulation. Eh bien! cette découverte sublime, quelle modification a-t-elle apportée dans la pratique médicale? Une seule. Peu-à-peu on s'est accoutumé à ce raisonnement très-spécieux : Puisque le sang circule, ôtez-en quelque part et vous en ôterez partout; et nous avons abandonné peu-à-peu ces vieilles saignées sublinguale, temporale, hémorrhoïdale, etc., consacrées par l'expérience et regrettées

(1) « Nous convenons que, quoique munis de toute l'anatomie de notre époque, nous n'en savons pas plus qu'Hippocrate sur la constitution de l'homme vivant » (M. Lordat, *Lettre à M. Bouillaud*, p. 56).

encore par la probité scientifique de quelques-uns de nos maîtres (1). On ne nous accusera pas, je l'espère, de nous adresser à des futilités physiologiques ; mais nous sommes obligé
d'aller vite, et nous ne pouvons qu'ébaucher ce tableau.

Disons un mot, cependant, d'un travail extrêmement remarquable, qui appartient presque en entier au siècle où nous vi-
vons, et qui semblait destiné à des applications plus immédia-
tes : nous voulons parler de l'étude physiologique des éléments
qu'on trouve dans les fluides de l'organisme ; prenons le fer.

La découverte du fer physiologique dans le sang a été un
fait considérable, mais qui n'a guère modifié la thérapeutique
de la chlorose ; on a donné comme auparavant des préparations martiales ; la seule différence, c'est qu'on a su pourquoi.
Cela était bien ; mais, par malheur, l'évidence reconnue d'un
symptôme concentra l'attention des observateurs, qui se trouvèrent portés naturellement à borner aux préparations martiales la thérapeutique entière de cette maladie.

Une chlorose une fois reconnue, on lui oppose le fer ; si la
maladie est rebelle, on change la préparation ; après quoi, on
réussit ou l'on échoue, car ce n'est point une chose rare qu'une
chlorose rebelle au fer. Supposez, cependant, qu'on envisage
la question d'une façon moins *organique;* voici ce qu'on se
dira : L'absence du fer est un phénomène important dans la
chlorose, mais ce n'est pas la chlorose elle-même ; car, si une
jeune personne pleine de fraîcheur et de santé devient rapidement chlorotique, il est difficile de croire que ses aliments
ont cessé tout-à-coup de contenir la quantité de fer nécessaire
au sang ; donc la maladie vient de plus loin : les fonctions di-
gestives, frappées elles-mêmes par une modification spéciale
du principe qui est *la vie,* ont perdu, sous un point de vue éga-
lement spécial, une partie de leur faculté élaboratrice, et

(1) V. Baglivi, l. I, chap. xiii, i.

c'est en vertu de cette modification que le fer, devenu inassimilable, traverse l'économie sans la toucher. La médication, alors, devient plus complexe; on s'adresse à la fois au rouage et au ressort, c'est-à-dire qu'on revient heureusement aux traditions thérapeutiques, à la médication de cette vieille théorie des esprits vitaux, dont la différence avec le principe vital doit être assez légère.

De l'étude du sang dans l'état morbide à l'anatomie pathologique, il n'y a qu'un pas. L'anatomie pathologique est une science nouvelle, et elle a marché avec une rapidité sans exemple. Quelle maladie a-t-elle appris à guérir, aiguë ou chronique? Est-ce la fièvre typhoïde, cette hydre à cent têtes qu'elle était venue à bout de faire considérer, pendant quelque temps, comme une simple inflammation des plaques de Peyer? Est-ce la phthisie, où elle n'a jamais vu que ce qu'elle avait à y voir, des tubercules, sans vouloir jamais avouer que ce n'étaient pas quelques globules de matière grise imprégnée de phosphate calcaire qui pouvaient constituer cette effroyable maladie, mais bien la modification vitale en vertu de laquelle se faisait la ségrégation morbide.

Et ainsi de suite, car il est évident que l'anatomie pathologique, qui ne vit que de cadavres, n'a pas grand'chose à démêler avec la vie. Admettons une hypothèse tout-à-fait gratuite : supposons, par exemple, que, dans une maladie donnée, la lésion la plus évidente soit toujours la plus essentielle. Nous serions bien les maîtres d'en demander la preuve; mais acceptons sans discussion cette proposition un peu douteuse, et examinons sur ce principe quelqu'une de ces maladies où des produits pathologiques spéciaux entraînent avec eux l'évidence. Reprenons la phthisie, par exemple, ce mal horrible qui a l'air de donner son secret à tout le monde et qui le garde encore.

Le scalpel en main, l'anatomiste me fait suivre du doigt le

ravage organique. Ce sont : ici des cavernes fétides, là des noyaux suppuratoires, plus loin des points de matière grise imprégnés de carbonate et de phosphate de chaux, où doivent se passer tour-à-tour des phénomènes semblables à ceux qui ont amené la destruction caverneuse. — Voilà la phthisie.

Non, ce n'est pas là la phthisie ; avant ces cavernes, il y avait à leur place des noyaux plus au moins ramollis ; avant ces noyaux, il y avait de simples tubercules, et ces tubercules ils se sont eux-mêmes développés successivement. Il y a donc eu un jour où le premier de ces tubercules n'existait pas ; mais ce jour-là le principe de la vie, frappé d'une manière spéciale, laissait filtrer sourdement sur l'organe pulmonaire cette pluie mortelle qui, bientôt, devait suffire pour éteindre la vie.

Or, ce jour-là, et sans un seul tubercule au poumon, l'homme était phthisique pour la raison ; l'était-il pour l'anatomie pathologique ?

Et maintenant, je m'adresse à ceux qui prétendent que l'anatomie pathologique rend raison de tout, et je leur dis : Vous m'avez montré le poison versé chaque jour dans un organe ; luttons contre le poison, si nous pouvons ; mais point de salut pour la victime si nous ne venons à bout de trouver et de détourner la main qui empoisonne.

Mais, dira-t-on, cela rejette la science dans l'étude de ces causes premières et mystérieuses bannies de la médecine par toute la philosophie moderne. Cela se peut ; mais j'en conclurai seulement que la philosophie moderne a eu tort doublement, quand elle a voulu bannir de la médecine humaine l'étude nécessaire des éléments de l'homme, et ensuite quand elle a cru pouvoir nous montrer dans le cadavre le secret des maladies qui n'y est pas.

Quant à la médication, — la grande affaire de la médecine, — à qui peut-on la demander avec quelque apparence de succès ? Est-ce à l'anatomie pathologique, qui ne voit dans la phthisie que de la matière grise, du phosphate de chaux, de l'inflammation et de la suppuration, ou bien aux doctrines qui, voyant la phthisie au-dessus de tout cela et avant tout cela, n'espèrent trouver des armes contre elle que dans quelques moyens spécifiquement applicables aux différentes perversions vitales qui déterminent la production tuberculeuse? (1)

Je sais bien que toutes les écoles médicales du monde sont à la recherche de moyens semblables. Quelles que soient leurs doctrines, tous ceux d'entre nous qui n'ont pas désespéré de la phthisie appellent ces moyens, les observent ou les essaient; cela est incontestable; mais ce qui ne l'est pas moins, c'est que les animistes sont logiques en le faisant, et que peut-être ils sont les seuls à l'être (2).

Restent maintenant les progrès de la chimie et sa nouvelle invasion dans la science.

Il est certain que la matière médicale est complètement changée; Galien ne connaîtrait pas vingt de nos médicaments, et il frémirait peut-être au seul nom de quelques-uns d'entre eux. L'officine d'un pharmacien au XIX⁰ siècle est devenue une collection de minéralogie, où la médecine mo-

(1) A ce point de vue, on peut douter que la thérapeutique de la phthisie soit aussi avancée que du temps de Morton. Il est extrêmement probable que l'illustre praticien a guéri, sous le nom de phthisie, bien des *consomptions* sans tubercules; mais il est tout aussi probable que l'habitude où nous sommes de ne voir dans la phthisie que des tubercules nous engage trop souvent à n'y voir, comme les galénistes, qu'une maladie *essentielle*, fatalement dévouée à la mort. Quel est celui d'entre nous, cependant, qui n'ait pas vu, comme Brambilla, Lagneau, etc., disparaître comme par enchantement, sous l'influence d'un traitement spécial, tous les symptômes d'une phthisie que Morton aurait appelée *phthisis à syphilide?* Cela vient de ce que le tubercule est bien la *loi* de la phthisie, mais il n'en est pas la *cause*.

(2) Si quelques personnes se trouvaient portées à considérer cette distinction comme un peu subtile, nous les prierions d'examiner la question d'une manière générale, et l'on verrait ainsi que les tendances thérapeutiques doivent être logiquement fort différentes, suivant le point de départ. Toute doctrine *animiste* porte naturellement aux médications *générales;* toute doctrine organique, aux médications *locales.* Ce n'est point là une chose indifférente.

derne vient puiser à pleines mains des armes qu'on ne peut
pas du moins accuser d'impuissance.

Quoi qu'il en soit, plusieurs de ces médicaments sont véritablement admirables. Mais d'abord, qui nous fera la liste de
ceux que nous avons perdus, ou même la liste de ceux que
nous avons laissés aux *charlatans* et aux *bonnes femmes*? Nos
journaux de médecine sont remplis chaque jour de réclames
merveilleuses où l'on vante tour-à-tour les sels les plus tour-
mentés de la chimie; un médicament est toujours assez bon
quand il agit vite, et cette funeste manière de considérer la
thérapeutique nous entraîne tous, médecins et malades, à oublier de plus en plus ce noble esprit de suite et de persévé-
rance, véritable esprit des méthodes anciennes, où l'on cherchait surtout à imiter la nature, *qui ne fait rien par saut.*

Or, cette imitation de la nature, qu'une certaine école de
médecine a revendiquée comme un monopole, mais qui fait
plus ou moins le fond de toutes les doctrines, voyons comme
la chimie l'a entendue à sa manière.

On nous accuserait probablement d'*ontologie* et de *causes
finales,* si nous voulions considérer les rapports généraux qui
lient entre eux l'aliment et le médicament, l'organe digestif
et l'aliment. Laissons donc là ces considérations, si naturelles
cependant et si fécondes peut-être, et bornons-nous à rechercher en quelques mots si la tendance de la thérapeutique moderne est bien d'imiter la nature ou de l'exagérer.

La médecine ancienne employait très-spécialement les simples (1); plus tard, on espéra ne rien perdre en concentrant
tous les principes naturels dissous par un menstrue quelconque, surtout par l'eau. Plus tard encore, la chimie faisant
chaque jour de nouveaux progrès, on ne se contenta plus de
recueillir en masse tous les éléments naturels d'un médica-

(1) V. Galien, *Opp.*, sect. IV.

d

ment, on chercha ces éléments eux-mêmes, on les sépara, on choisit le plus actif, qui fut chargé de représenter le médicament lui-même, et on rejeta tous les autres.

Et maintenant, est-ce là imiter la nature? L'action énergique et rapide de quelques-unes de ces quintessences chimiques nous donne évidemment sur certaines maladies une action très-appréciée par l'impatience des malades et la mollesse des médecins; mais enfin, je le répète, est-ce bien là l'imitation de la nature si vantée par la nouvelle philosophie? Du temps de Molière les gens bien portants trouvaient fort agréable la réponse fameuse du récipiendaire sur les *propriétés dormitives* de l'opium, mais les médecins, je crois, n'y trouvaient pas à rire. Aujourd'hui, rien n'empêche les médecins de faire comme tout le monde; car les chimistes leur ont appris que, si l'opium fait dormir, c'est qu'il y a de la morphine; et nous regardons avec une compassion très-hautaine ces temps d'ignorance et de polypharmacie où le sommeil ne s'achetait qu'avec de la morphine, de la narcotine, de la codéine mêlées ensemble et cachées par la nature sous le nom vulgaire d'opium.

La nature, en effet, est très-essentiellement polypharmaque. Lisez, par exemple, l'analyse des eaux minérales naturelles, ces médicaments dont l'action, quand elle est réglée avec prudence et bien indiquée, constitue sans contredit l'une des médications les plus douces, les plus sûres et les plus puissantes; qu'est-ce autre chose qu'une longue ordonnance très-entachée de polypharmacie, une sorte de thériaque fluide aussi compliquée peut-être que celle d'Andromachus? Je sais que la chimie a simplifié tout cela et qu'elle a eu quelquefois la prétention de nous donner des mélanges aqueux (je ne dis pas des combinaisons) où se trouvaient heureusement corrigées ces erreurs polypharmaciques; mais cette prétention-là, les chimistes sont les seuls à l'avoir, et, pendant qu'ils travaillent sans relâche à redoubler la brûlante activité de leurs préparations, la nature, de son côté, continue d'élaborer en silence des remèdes dont la douce et lente action semble arrangée pour la délicatesse de nos organes, des aliments médicamenteux, s'il est permis de le dire.

Mais on dira : Ce sont les médicaments qui guérissent ; *medicamenta sanant;* et nous en avons de meilleurs que l'antiquité. Cela se peut à la rigueur, mais cela ne prouve pas que les médicaments soient la médecine. Or, on peut l'affirmer, la médecine ne consiste pas dans les médicaments, comme voudraient le faire croire quelques-uns de ceux qui parlent le plus haut des progrès de cette science, mais bien dans les indications, la chose du monde la plus mobile, la plus trompeuse, la plus artistique, si l'on veut me permettre d'employer ce mot si souvent profané aujourd'hui (1). Les médicaments ne sont que des instruments ; le quinquina par exemple en est un comme la lancette ; personne ne peut dire que l'un soit plus puissant que l'autre, et il y a peu de médecins qui oseront avancer que les indications de la saignée aient fait depuis deux cents ans un progrès réel et calculable.

Ainsi donc, c'est une chose bien peu évidente que ces progrès de la médecine dont tout le monde parle et que chacun s'attribue. Aujourd'hui comme autrefois, les maladies aiguës

(1) Baglivi, l. II, ch. x. — On parle beaucoup des remèdes spécifiques ; mais, en réfléchissant bien sur l'action héroïque de quelques-uns de nos médicaments les plus simples, *dans certaines conditions données,* on serait entraîné bientôt à considérer la plupart de nos remèdes comme spécifiques, si nous possédions d'une manière exacte la science des indications. Mais jusqu'à présent cette science est un *art,* c'est-à-dire une chose toute individuelle. Néanmoins, cet art existe ; on le trouve quelquefois chez des hommes spécialement doués. Ces heureuses organisations sont frappées autrement que les autres ; elles aperçoivent, elles démêlent, au milieu de phénomènes *bruyants,* quelque chose de plus obscur, de plus général et de plus important ; elles savent rapporter ce qu'elles voient à un idéal qui peut être la vérité, mais qui n'a pas même besoin de l'être ; et, si ces médecins pouvaient formuler leurs *théories,* ces théories seraient presque aussi utiles que la vérité.

n'ont généralement besoin que d'une thérapeutique très-modérée; rien ne prouve que nous soyons supérieurs aux anciens sous ce rapport; et, malgré la découverte de quelques médicaments spéciaux très-utiles, plusieurs de nos maîtres professent hautement cette opinion, que les anciens, avec leurs hypothèses humorales, avaient meilleur marché que nous de la plupart des maladies chroniques. Mais c'est une tendance naturelle de l'esprit humain de toujours préférer sa manière à la manière des autres. Nous faisons autrement; donc nous faisons mieux : et d'ailleurs les plus raisonnables eux-mêmes peuvent difficilement s'accoutumer à l'idée de rester immobiles lorsque tout semble se mouvoir autour d'eux. Nous avons expliqué tout-à-l'heure d'où venait, à nos yeux, la différence radicale qui sépare les sciences d'*accumulation* ou *collectives* et les sciences *personnelles* ou *arts*. C'est en vertu de cette différence capitale que la médecine ne nous semble que très-partiellement susceptible de se mouvoir, comme la physique, par exemple, ou l'astronomie, ou les mathématiques; et si l'on objecte que l'homme a du moins dans sa constitution un élément qui est du domaine des sciences physiques, il faut bien remarquer que cette vérité ne peut être tout au plus qu'un point de départ pour arriver à la connaissance aussi prochaine que possible de la constitution totale de l'homme; il faut bien remarquer ensuite que cette manière de considérer à part l'élément organique de l'homme suppose nécessairement et *à priori* une indépendance fonctionnelle qu'on affirme et qu'on n'a certainement pas le droit d'affirmer; d'où il résulte que, si l'on se trompe en ce point, les résultats peuvent être autant d'erreurs, puisqu'on se trouve alors établir ses calculs sur de l'*inertie* et des *propriétés immuables*, tandis qu'on aurait devant soi de l'inertie, il est vrai, mais de l'inertie animée à la fois par les propriétés générales de la matière et par quelque chose d'*incalculable*, la *spontanéité*.

La médecine, du reste, n'est pas seule dans ce cas. Tout ce qui a affaire à *la vie* en est là ; mais la médecine plus que tout le reste, et nous en concluons que nous, qui avons à faire une imitation animée de la nature vivante, c'est-à-dire une chose qui peut sembler au-dessus des forces de l'homme, nous n'avons droit de nous priver d'aucun des moyens d'arriver à ce but, d'autant plus que ces moyens sont en fort petit nombre.

Résumons-nous en quelques mots.

Le but de ce travail, but que nous avouons sans crainte, a été de protester, suivant nos forces, contre l'application isolée d'une *méthode philosophique* à l'avancement des sciences en général et de la médecine en particulier.

Je dis méthode philosophique, afin de préciser la question ; car il faut bien se garder de confondre ensemble la philosophie que nous avons en vue et cet esprit général dont on prétend qu'elle a été l'organe : celui-ci n'avait point consacré en principe son isolement d'action ; il marchait côte à côte avec l'esprit antique, et leur union féconde produisit dans les sciences un mouvement énorme, d'où il sortit des hommes peut-être incomparables.

Frappé de cette fermentation nouvelle, un génie très-pénétrant en rechercha la cause ; il compara la science ancienne et la science moderne, et trouva dans celle-ci un élément très-négligé dans l'autre, l'observation.

On pouvait tirer de là deux conclusions : la première, que l'union de l'élément antique et de l'élément moderne était féconde, ce qui était un fait ; la seconde, que cette fécondité revenait toute entière à l'élément moderne, ce qui était une hypothèse. Or, c'est cette hypothèse que Bacon proclama comme une vérité incontestable, et ce jour-là, pour la première fois peut-être, l'esprit d'analyse et d'observation eut la conscience de lui-même. Mais, par malheur, il en eut aussi bientôt l'orgueil : à peine réduit en méthode, il prétendit sur-le-champ pouvoir suffire à la découverte de la vérité, et, pour dominer seul sur les sciences, il fit comme les sultans du sérail, qui commencent leur règne en étranglant tous leurs frères (1).

Cette proscription nous a semblé injuste. On bannissait d'un seul coup, sous le nom d'*anticipations de l'esprit*, toutes les théories ou généralisations du passé et toutes celles de l'avenir qui ne seraient pas faites par la méthode elle-même. Or, nous avons montré que l'induction, comme toutes les méthodes du monde, était fondée sur des anticipations semblables à celles qu'on proscrivait. Après avoir examiné les principes mêmes de l'induction, nous avons jeté un coup-d'œil rapide sur les *rémoras* attachées au vaisseau des sciences ; il nous a paru que l'ensemble de ces obstacles pouvait se réduire à deux principaux : la *nature propre de l'esprit* et l'*autorité*. Au lieu de répondre simplement que ces obstacles tenaient à l'homme et non pas aux méthodes, nous avons recherché l'influence que pouvait exercer chacun d'eux. Nous n'avions pas besoin de poser en principe l'originelle et incontestable variété des esprits ; mais il nous a semblé que la philosophie ne pouvant faire l'homme à sa manière, elle devait le prendre comme il était, et laisser à chacun les armes qui lui allaient le mieux. Nous nous sommes demandé, en conséquence, si l'auteur de la méthode nouvelle, entraîné par la nature propre de son génie, n'aurait pas méconnu l'utilité possible du génie des autres, et annulé pour les sciences ou amoindri tous les esprits organisés autrement que le sien.

Quant à l'autorité, le préjugé du monde le plus naturel, il nous a paru qu'on ne l'a condamnée qu'autant qu'on n'était pas l'autorité soi-même, et que sans elle, d'ailleurs, il faudrait à chaque instant recommencer les sciences.

(1) *Nov. Org.*, I, 67.

Restait le grand crime de la méthode ancienne, le procédé syllogistique, auquel nous avons donné indifféremment des noms assez variés, mais qui tous dans notre esprit répondent à la définition donnée de la synthèse par Dugald-Stewart.

Nous avons plus spécialement examiné cette question par rapport à la médecine, et nous avons montré que si les théories étaient moins utiles dans les sciences fondées sur l'immuabilité, elles avaient prouvé leur puissance dans les sciences fondées sur l'inertie, et qu'il était difficile de s'en passer dans celles qui reposaient sur la spontanéité.

Eclairé par cette distinction, nous avons recherché alors la source de cette illusion *inductive* qui promettait depuis deux cents ans à la médecine des progrès indéfinis, sinon absolus, et nous avons trouvé que cette illusion venait seulement de la place qu'on affectait à la médecine dans le tableau encyclopédique des connaissances humaines. Si la médecine, en effet, appartient purement à l'ordre physique, on ne voit pas de limite possible à ses progrès ; mais si elle appartient en grande partie à la métaphysique, il faut se rappeler que cet ordre de connaissances échappe au calcul.

La constitution de l'homme nous a donc paru une étude nécessairement antérieure à l'étude de la médecine, sans que personne eût le droit d'adresser à ceux qui cherchent la vérité sur ce point des qualifications dont le moindre inconvénient consiste à n'être ni raisonnables ni polies.

Nous avons montré ensuite que ceux-là mêmes qui reprochent aux autres des théories et des nuages acceptaient sans balancer des théories non moins nébuleuses; après quoi, jetant un coup-d'œil rapide sur la médecine en général, nous avons vu que l'histoire de cette science n'était autre chose que l'histoire des théories médicales, et qu'aujourd'hui, comme toujours, la médecine en était inondée.

Quant aux progrès des sciences par l'induction, ceux de

l'ordre physique sont incontestables et merveilleux; mais l'examen des faits prouve que l'esprit de la synthèse antique est toujours là pour féconder les phénomènes, et que ces progrès si rapides ont presque toujours été le produit de quelque *témérité* du génie. En métaphysique, on peut les nier ces progrès, on le doit peut-être, et la médecine touche de trop près à la métaphysique pour en avoir fait de bien considérables.

Si quelqu'un maintenant prétendait trouver dans ce travail la preuve d'une opposition quelconque à cet esprit d'analyse et d'observation qui fait le fond de la méthode inductive, nous aurions le droit de nous en plaindre sans doute, mais nous n'aurions pas d'autre chose à répondre que ce que nous avons dit déjà, que, pénétré d'admiration pour l'homme qui a tracé d'une main si ferme une des méthodes qui peuvent nous conduire à la vérité, cette admiration serait sans bornes s'il n'eût pas voulu détruire en même temps un instrument qui s'est montré si admirable dans les mains de quelques hommes de génie.

Et enfin, si d'autres personnes, appuyées sur quelques passages de Bacon, prétendaient qu'on n'a pas bien saisi en cela le vrai sens de sa philosophie, nous demanderions alors ce que signifie cette double promesse qu'il a faite et répétée dix fois, de rendre mécanique la recherche de la vérité, et d'*égaliser* tous les esprits dans la lutte de l'homme contre la nature.

Tous les disciples de Bacon ont passé légèrement sur cette exéquation fameuse, se bornant à la considérer comme une de ces forfanteries philosophiques qui ne changent rien aux choses. Cette opinion nous semble une erreur : le mot de Bacon est doublement grave; car, en premier lieu, c'est une de ces flatteries populaires comme en font tous les novateurs qui veulent détruire les institutions antiques ; en second lieu, et c'est là le point capital, le mot est vrai; et comme Bacon est non-seulement un philosophe pénétrant, mais aussi un très-grand écrivain, le mot est aussi juste dans la forme que dans le fond : « Sa méthode, dit-il, *ne laisse presque rien à la supériorité du génie; non multùm excellentiæ ingeniorum relinquit* » (1); elle n'a pas la prétention d'élever les esprits médiocres à la hauteur des esprits sublimes; sa manière de niveler les intelligences est différente et consiste simplement à enlever au génie sa sublime prérogative, qui est de trouver par anticipation, dans un petit nombre de faits, ce qu'une foule d'esprits médiocres ne trouveraient jamais dans un encombrement de faits immense (2).

Voilà ce qui nous persuade que cette méthode est, comme toutes les méthodes exclusives, l'expression d'une nature d'esprit spéciale, qui ne reconnaît qu'à elle-même le droit de travailler aux sciences. C'est là la prétention que nous avons voulu combattre : on pare sans doute aux inconvénients du génie en lui coupant les ailes ou en y *attachant du plomb* (3), mais si l'on évite ainsi quelques erreurs, on perd aussi peut-être bien des vérités.

III.

On pourra s'étonner qu'avec de pareils principes nous ayons songé à donner au public un des morceaux de philosophie médicale moderne où sont développées avec le plus d'éclat les doctrines de Bacon sur l'avancement des sciences. Nous espérons qu'il suffira de quelques mots pour justifier, à cet égard, la résolution que nous avons prise.

(1) *Nov. Org.*, I, 61 et 122.
(2) « Le plus beau privilège du génie c'est de deviner sur peu d'éléments ce que d'autres déduiront plus tard péniblement. » (Is. Geoffroy Saint-Hilaire, *Rev. des Deux-Mondes*, 1er avril 1837.)
(3) *Nov. Org.*, I, 104.

Ainsi qu'une partie de la génération médicale actuelle, nous avons assisté à la chute de la médecine physiologique. Jamais, peut-être, un édifice scientifique quelconque n'avait été construit avec autant d'unité, agrandi avec autant de talent, pour tomber avec autant de rapidité. Après avoir exercé pendant quelque temps une domination presque universelle, la doctrine du grand novateur s'était vue attaquée de toutes parts, et Broussais, l'un des plus beaux génies du XIX° siècle, eut le temps de mourir sur les ruines de sa théorie.

L'occasion était belle, car le mal, cette fois-là, était visible, et il pouvait frapper tous les esprits, que n'entraînait plus la parole passionnée du maître. Aussi ce fut un concert d'anathèmes, et tous ceux qui avaient pris part à cette lutte brillante, de près ou de loin, maudirent à l'envi ces théories funestes qui venaient compromettre la science et ruiner l'autorité de la médecine.

Au milieu de cette disposition générale, que pouvait faire la génération nouvelle? Son rôle, ou peut-être même son devoir, dut être aussi de maudire les théories, et c'est ce que firent avec bonne foi la plupart d'entre nous.

J'ai encore présent à la mémoire le souvenir de ces longs entretiens où nous débattions alors, avec quelques amis, les principes et les dangers des théories. Réunis par la conformité des goûts et la tendance générale des idées, nous apportions en commun, à certains jours, le fruit de nos études particulières et de nos prédilections médicales. Baglivi fut mon partage. J'avais lu avec une sorte d'enthousiasme ce brillant ennemi des hypothèses en médecine, et j'ébauchai dès cette époque la traduction que je publie aujourd'hui.

Outre ses qualités philosophiques, Baglivi, d'ailleurs, est plein de remarques si judicieuses et de si beaux préceptes, qu'il était impossible de n'en pas retirer le plus grand fruit. Je fis donc une étude sérieuse de ce livre, où se reconnaissent, dès l'abord, tous les principes généraux de Bacon, ses riches figures et souvent même ses expressions; or, comme en toute chose il est naturel de remonter à la source, il fallut revenir aux ouvrages du philosophe éminent auquel on attribuait de toutes parts la rénovation générale des sciences. C'est ici que commencèrent pour moi une série de réflexions dont quelques-unes ont été développées dans la deuxième partie de cette introduction. Il me semblait lire Bacon pour la première fois. C'était pour moi, je l'avoue, un chagrin véritable de le voir traiter avec un si profond dédain, un dédain de sectaire, ces prodigieux génies dont il *daignait à peine parler* (1); affirmant à chaque page de ses livres la nullité des sciences avant lui, déclarant même que la méthode expérimentale suivie de son temps — le temps de Galilée! — était aveugle et stupide (2); et promettant à l'homme une sorte de mécanisme pour arriver à la vérité.

Il me paraissait difficile que la vérité prît un ton aussi superbe, et notre Descartes, qu'on était convenu d'accuser de *personnalisme*, me semblait désormais un prodige de modestie.

Si je croyais, d'ailleurs, sentir alors le danger des théories pour la médecine, une science d'application immédiate et forcée, je ne voyais pas, relativement aux sciences de curiosité ou de bien-être, ce que l'homme pouvait gagner à ne chercher la vérité que par un seul chemin. Il était évident que la nouvelle méthode donnait à l'esprit une sûreté de marche admirable, mais il me semblait que le voyageur *inductif* qui aurait prétendu décrire l'univers, en suivant pas à pas toutes les côtes de l'ancien monde n'eût jamais découvert le nouveau. Je me rappelais le mot de Voltaire, « que nous savions maintenant, grâce aux mathématiciens, l'angle le plus favorable que

---

(1) *Nov. Org.*, I, 71 et *passim*.
(2) « At modus experiendi quo homines nunc utuntur *cæcus* est ac *stupidus*. » *Nov. Org.*, I, 70.

devait faire le gouvernail avec la quille d'un navire, mais que
Colomb avait découvert l'Amérique sans cela; » et j'en con-
cluais qu'un peu de hardiesse dans les sciences ne pouvait que
leur être infiniment utile.

Il y avait d'ailleurs, bien évidemment, deux manières d'arriver à la vérité, puisque cela était avoué par l'auteur lui-
même de la nouvelle et très-jalouse méthode (1). Or, je
comprenais bien que l'entendement eût besoin d'être aidé et
dirigé dans cette recherche, mais je ne comprenais pas qu'on
le déclarât absolument hors d'état de pénétrer la mystérieuse
obscurité de la nature autrement que par l'une de ces méthodes à l'exclusion de l'autre (2). Il me semblait que l'histoire
des sciences était peu d'accord avec cette théorie, et que si
la synthèse abandonnée à elle-même avait fait autrefois des
faux pas très-graves, ce danger n'en était plus un depuis
qu'on possédait dans l'induction un merveilleux instrument
de contrôle.

Arrivant ensuite à la médecine, et sachant que Bacon l'a-
vait peu cultivée, je m'attendais à ne trouver à cet égard que
l'application générale des principes inductifs à l'avancement
de cette science. Mais il était loin d'en être ainsi. Outre que
la science du corps humain se trouvait, dans l'ouvrage du
philosophe, complètement séparée de la science de l'ame, ce
qui me semblait une philosophie très-malheureuse; le chapitre consacré à la science du corps était plein d'affirmations
dogmatiques et pratiques, affirmations que les lois sévères de
l'induction devaient interdire au philosophe, et qui me pa-
raissaient fort peu différentes de ces *anticipations* condamnées
par lui en principe. Je me demandai alors si ces anticipations
étaient donc si naturelles à l'esprit de l'homme qu'il fût impossible de leur échapper, et je revins à Baglivi, pour y cher-

(1) *Nov. Org.*, l. I, 19.
(2) *Nov. Org.*, l. I, 21 et suivants.

cher l'influence des principes généraux du maître sur un
homme spécial.

La première chose qui me frappa, c'est que le baconisme
de Baglivi ne l'avait pas non plus sauvé des théories; et
voici où l'avait amené l'observation *rigoureuse* et *méthodi-
que* des faits : pour Baglivi, la cause presque générale des
maladies consistait dans deux sortes de lésions : la première
affectait le ton, le ressort et la structure des fibres; la seconde affectait l'équilibre mutuel des solides et des liquides (1). Avec cette manière de considérer l'homme sain et
malade, la médecine devenait une question de mécanique,
et par conséquent une chose indéfiniment perfectible, ce qui
commençait à me sembler très-contestable.

Du reste, si l'école italienne du temps de Baglivi s'était
laissée aller au torrent des théories, ce n'était pas une raison
qui prouvât que toute la médecine moderne en eût fait autant. Mais on avait beau chercher, on ne trouvait que des
systèmes qui avaient régné tour-à-tour, jusqu'à ce que l'anatomie fût venue révéler que toute maladie était le résultat organique d'une irritation toujours identique, toujours semblable à elle-même, quelle que fût la nature des agents irri-
tants.

C'était là cette grande théorie physiologique qu'on essayait
de renverser au temps dont nous parlions tout-à-l'heure, et
ce travail se faisait au nom de la médecine d'observation
pure. C'était là un très-beau nom; mais il était bon de savoir
si cette école elle-même s'était bien réellement débarrassée des
théories. Or, il était évident qu'après tant de luttes l'anatomie
pathologique était restée comme auparavant la maîtresse du
champ de bataille; et l'anatomie pathologique considérée
comme fondement de la médecine, qu'était-ce autre chose

_____

(1) *De Fibrâ motrice; De anatome fibrarum*, pp. 402 et 411 (éd. 1745).

qu'une affirmation ou du moins une hypothèse en vertu de laquelle on supposait qu'une maladie avait toujours sa raison suffisante dans les organes, et qu'il ne fallait tenir compte que de ce qu'on voyait? Cela nous semblait philosophiquement faux; il nous paraissait que c'était l'*homme* qui était l'objet de la médecine, et non pas seulement ses organes (1). L'anatomie pathologique ne pouvait donc avoir de valeur que par sa combinaison avec une théorie anthropologique aussi vraie que possible. Cela nous menait tout droit vers Montpellier, où du moins l'étude de l'homme faisait partie essentielle de l'enseignement médical. Là, en effet, on ne demandait plus au cadavre tout seul le secret des maladies elles-mêmes, on n'y cherchait que ce qu'on y pouvait trouver, le témoignage des organes; l'anatomie pathologique se trouvait réduite pour ainsi dire au rôle d'une opération de médecine légale : on constatait la blessure organique, on en recherchait les modifications, mais on croyait savoir qu'on ne faisait après tout que l'anatomie de la moitié de l'homme, et peut-être de la plus petite moitié; l'autre avait disparu.

Mais quelle était cette autre moitié? On avait pris dans Bacon, qui l'avait prise dans Telesio, une théorie où l'on distingue deux ames humaines, l'ame rationnelle, dont il n'est pas question dans les écoles de médecine, et l'ame irrationnelle ou *sensible,* qui a son origine dans les *matrices des éléments*. Cette dernière ame, qui est *certainement* matérielle (2), n'est point donnée par Bacon comme un fondement de la médecine; mais, depuis Stahl, il était devenu très-difficile de

(1) « La médecine n'est une science qu'en distinguant dans chaque fait le rôle de chacune des causes qui constituent l'homme. » Lordat, *Lettre au Congrès médical*, p. 9.

(2) « Anima siquidem sensibilis sive brutorum plane *substantia corporea* censenda est, à calore attenuata, et facta invisibilis. » *De Augm.*, l. IV, ch. ii, n° 4.

toucher à cette science sans y mêler un élément spiritualiste quelconque; et d'ailleurs c'était de Stahl lui-même que procédait l'école de Montpellier.

Barthez avait donc pris cette ame de seconde majesté; il l'avait posée en fait (1), déclarant que, « *puissance* ou *faculté*, le principe vital était *un*, absolument indépendant de l'ame pensante et même du corps, suivant toutes les apparences »(2). Son illustre successeur l'avait représentée ensuite comme une « puissance temporaire qui a une *spontanéité*, une providence individuelle, une futurition contingente, une *raison d'agir non nécessaire*, mais liée à un but »(3).

Il y a loin de là à l'ame matérielle de Bacon, et cette manière de considérer l'homme retirait du moins la science de ce que le chancelier, dans son énergique langage, aurait appelé volontiers les *ordures de la médecine* (4).

Mais, on l'avoue généralement, cette belle théorie n'en est pas moins une théorie, et elle n'est point fille de l'induction : ceux qui la proclament l'ont posée en fait, et si jamais on employait, pour prouver cette *théorie*, la moitié du talent qu'on a dépensé pour défendre une *méthode*, on aurait bientôt mis à l'abri de toute contestation cette doctrine du principe vital absolument nécessaire à la médecine.

Arrivé là et convaincu désormais que, sous quelque nom qu'on les cachât, on avait toujours en médecine un principe général, un système, ou, si l'on veut, une théorie autour desquels on pût grouper d'une manière convenable l'ensemble des symptômes qui constituent ce que nous voyons d'une maladie, il ne restait plus qu'à savoir la théorie à laquelle il fallait s'attacher. Mais cela ne nous semblait plus

(1) V. Jaumes, *De l'Influence des doctrines philosophiques de Descartes et de Bacon sur la médecine*, p. 87.
(2) *Nouveaux éléments de la science de l'homme*, par Barthe ; 1806.
(3) Lordat, *Lettre à M Cousin*, p. 51.
(4) *De Augm.*, l. IV, ch. II, n° 15.

douteux. L'homme étant un agrégat où les phénomènes ani-
miques jouent évidemment un aussi grand rôle que la diges-
tion (1), il nous parut impossible qu'une théorie médicale
quelconque pût approcher jamais de la sorte de perfection
relative où nous pouvons prétendre, si elle ne commençait
d'abord par accepter nettement ou du moins par étudier
sérieusement toutes les conditions, tous les éléments de l'a-
grégat humain.

Il restait néanmoins une considération qui pouvait nous
sembler embarrassante : parmi le grand nombre de théories
qui ont régné sur la médecine, il y en a eu beaucoup d'incom-
plètes et beaucoup de fausses ; et cependant, si l'on y regarde
avec quelque impartialité, si on ne se laisse point trop aller à
ces déclamations du progrès si communes aujourd'hui, on verra
que chaque école médicale peut citer avec orgueil des noms
de praticiens très-illustres. D'où cela peut-il venir? On peut
en donner plusieurs raisons : la première, c'est qu'il y a bien
réellement un fort petit nombre d'écoles véritables, de façon
que des médecins qu'on croit séparés par des choses ne le sont
que par des mots (2) ; la seconde raison, c'est que la plupart
de ces théories ne sont point, comme le disait Bacon, de
pures anticipations de l'esprit, mais bien des généralisations
fortes et laborieuses, embrassant véritablement un très-grand
nombre de faits, les liant entre eux et permettant de les sou-
mettre à une sorte de calcul, à peu près comme le système
de Ptolémée, si cher au cœur de Bacon, permettait de pré-

(1) Jouffroy, op. cit., p. 46.
(2) Y a-t-il, par exemple, du moins quant à la pratique, une différence considérable entre l'*animisme* de Montpellier et les *esprits vitaux* de Sydenham,
qu'il est très-facile de retrouver au fond du mécanicisme de l'école italienne?
Nous savons bien que cette différence existe, et nous croyons pouvoir affirmer que nous la sentons; mais nous parlons de la pratique, et sous ce point
de vue le mécanicisme animé de Baglivi nous semble infiniment plus près de
la vérité que ce vitalisme *local* et *individuel* qui tient l'esprit enchaîné sur
un point de l'économie et ne veut voir que des résultats.

voir assez exactement les phénomènes astronomiques et de s'en servir.

Ajoutons, enfin, à cette troisième raison, que l'*art* médical est comme les autres arts : quelle que soit l'école ou la théorie, l'instinct, l'εὐστοχία, cette qualité précieuse, individuelle, intransmissible ; l'instinct domine tout, sait tirer parti de tout, et sans lui tout est médiocre.

Voilà pourquoi, sans acception aucune, il est bon d'étudier avec soin tous ceux qui ont marché à la tête des écoles ou fait honneur aux théories. C'est leur génie bien plutôt que leur système qui est aux prises avec la nature. On les voit agir eux-mêmes quelquefois sans saisir leurs motifs, souvent à l'encontre de leur théorie, mais toujours avec utilité. Qu'importe que Sydenham voie partout des humeurs et des esprits vitaux, physiques ou non ? En est-il moins le premier des médecins modernes, malgré ces mêmes esprits vitaux, et malgré le dédain qu'il montrait pour ces longues observations particulières où se complaît sans fin ce qu'on appelle la précision médicale de notre siècle ?

Quelles que soient, d'ailleurs, leurs préoccupations philosophiques, c'est seulement dans les livres de ces hommes illustres qu'on trouve à chaque pas ces préceptes *communs* dont parle Sénèque, qui conviennent à toutes les écoles et qui rentrent dans toutes les théories. Baglivi surtout en est plein, et c'est probablement à l'abondance de ces principes fondamentaux qu'il a dû de se voir donner par Hecquet le titre superbe de *boussole des médecins.*

Baglivi est donc, sans contredit, l'un des hommes qu'il nous importe le plus de connaître, et c'est pour cela que nous avons résolu de donner cette édition française du premier de ces ouvrages, après les huit ou dix éditions latines qui en ont été publiées.

Les personnes à qui s'adresse ce livre n'ont pas besoin qu'on leur en fasse l'analyse, et sa vieille réputation dispense d'en faire l'éloge. Conçu tout entier dans les idées baconiennes, ce livre est certainement un de ceux qui ont commencé le mouvement philosophique moderne, et c'est celui de tous qui a le plus contribué, et le plus tôt, à lancer la médecine dans la voie nouvelle qu'elle se glorifie de parcourir aujourd'hui, sous dix noms différents (1). A ce point de vue, Baglivi se rattache intimement à toutes les idées scientifiques actuelles et n'a été jusqu'à présent ni effacé, ni remplacé dans la tâche brillante qu'il avait accomplie à vingt-sept ans. Ecrit dans un style plein d'énergie et d'éclat, on désirerait peut-être dans cet ouvrage un peu moins de faste et un peu plus d'ordre, un peu moins de théories, ou de meilleures; mais on y trouvera partout ce profond instinct de la médecine qui ressemble tant au génie, cet enthousiasme de l'art, qu'on ne trouve pas toujours chez ceux-là même qui parlent le plus haut de ses progrès, et enfin cette probité scientifique qui est utile dans toutes les sciences, mais qui est indispensable pour ceux qui exercent l'art médical. Baglivi a donné, sans doute, l'exemple d'un homme qui proscrit les systèmes et qui consacre sa vie à la défense d'un système fragile et oublié, mais cet exemple on le retrouve partout, car l'esprit de l'homme s'arrange mal des faits qui restent longtemps isolés. On lira donc toujours ce livre remarquable pour se mettre en garde contre soi-même et contre les autres, et pour pénétrer son esprit de cette vérité nécessaire, que la médecine vit surtout d'observation personnelle et de préceptes.

(1) Il est très-facile de montrer dans Baglivi, comme dans la plupart des médecins, depuis le milieu du XVIIe siècle, l'influence évidente de Descartes et de sa philosophie; mais ce que nous avons eu en vue plus spécialement, ç'a été la méthode, et la méthode de Baglivi est celle du *Novum Organum*. Peu importe maintenant qu'il soit arrivé par cette méthode à des résultats tout différents de ceux qui ont été obtenus depuis; c'est là le sort de toutes les méthodes : mais il n'en est pas moins vrai que le traité de Baglivi est l'application médicale de la philosophie du chancelier d'Angleterre.

Il y a enfin une dernière chose qu'on trouvera dans ce livre, et que peut-être on chercherait vainement ailleurs : je veux parler de cette demi-justice rendue aux théories, et qu'il était difficile de leur refuser dans la patrie de Galilée, un des hommes qui ont réuni avec le plus de bonheur le génie de l'expérience et la hardiesse des idées.

Nous terminons ici ce que nous voulions dire de la méthode et de l'ouvrage. Quant à la traduction elle-même, nous n'avons point à en parler : nous l'avons jugée utile parce que la lecture d'un livre latin, tout brillant qu'il puisse être, n'en est pas moins un travail, et quelquefois même, il faut bien l'avouer, une fatigue qu'on s'épargne (1). — Nous espérons donc qu'on l'accueillera, sous ce rapport, comme nous l'avons faite, et que nous aurons contribué ainsi, pour notre part, à entretenir dans la médecine ce souffle de philosophie qui peut bien changer de nature et de but, mais sans lequel la médecine est nécessairement quelque chose de bien faible (2).

Nous avions eu d'abord l'intention de joindre à cette traduction quelques développements particuliers et quelques-unes des savantes notes qui ont enrichi les éditions latines de la fin du dernier siècle; mais nous y avons renoncé bien vite. Un livre de médecine s'adresse toujours à des hommes qui savent faire la part des affirmations thérapeutiques, et un livre de philosophie a besoin d'unité; il ne faut pas, selon nous, qu'un auteur soit arrêté à chaque phrase pour s'entendre dire dans une note le contraire de ce qu'il vient de dire dans le texte. Nous sommes loin, sans doute, de partager toutes les idées *méthodiques* du livre que nous publions, mais nous avons

(1) La traduction de M. Daignan, épuisée d'ailleurs depuis longtemps, ne comprend que la partie purement pratique du livre de Baglivi. Cette partie, renfermée tout entière dans un seul chapitre du Ier livre, le chapitre ix, commence à la p. 61 et finit à la p. 225 de notre traduction.

(2) « Medicina autem in philosophiâ non fundata res infirma est. » *De Dignit. et Augm. Sc.*, IV, ii, 3.

trouvé plus convenable de les laisser marcher librement et de
recueillir nous-même en quelques pages les réflexions que
nous inspirent depuis longtemps ces admirations exclusives
pour une méthode et ces proscriptions systématiques dont
l'abus commence enfin à frapper tous les yeux.

C'est une considération toute semblable qui nous a fait
sacrifier sans balancer un certain nombre de notes spéciales
où l'on discutait le texte et les commentaires de quelques
passages d'Hippocrate rapportés par Baglivi : Hippocrate
n'était point en cause, et d'ailleurs nous ne pouvions perdre
de vue qu'il s'agissait de philosophie médicale au moins autant que de pratique ou d'érudition.

Nous avions commencé notre travail sur l'édition de Kuhne;
mais en comparant cette édition avec d'autres beaucoup meilleures, nous nous sommes arrêté spécialement à celle de 1745,
sauf les additions et interpolations, que nous n'avons pas repro-
duites. Les personnes qui aiment à remonter aux sources nous
sauront gré, enfin, d'une amélioration dont nous allons dire
quelques mots. Les citations de Baglivi, celles surtout qui ont
rapport à Hippocrate, sont faites sur des éditions qui ne sont
plus très-communes (1); il y en a même un grand nombre qui
semblent faites de mémoire (2). Nous avons fait tous nos
efforts pour retrouver leur place véritable, et pour l'indiquer
dans les éditions les plus connues. Toutes les fois, par exemple,
qu'il s'agissait d'un livre hippocratique traduit par M. Darem-

---

(1). Il nous semble que Baglivi citait habituellement l'édition de Froben,
traduction latine d'Hagenbut (Janus Cornarius); Bâle 1558.

(2) Il serait facile d'en donner quelques exemples, qui pourraient même être
considérés comme assez graves s'il s'agissait seulement d'érudition. Dans
l'*Appendice à la pleurésie*, Baglivi cite ce passage des *Coaques* (491, Lit.
481) : « Dolores circà latus tenuiter consistentes in febribus citrà *nothas costas*, venæ sectio læserit, etc. » — Il n'y a rien dans Cornarius ni dans Foës,
et encore moins dans le texte grec, qui permette cette leçon, *nothas costas*. Le
texte grec, que je n'ai plus sous les yeux, mais que j'ai très-présent à l'esprit,
dit seulement ἄσημα (ἀλγήματα?) dolores *citrà notas*, et Cornarius ne traduit pas autrement.

berg, nous avons préféré renvoyer à cette traduction, que sa valeur propre et son bon marché ont rendue très-populaire. Pour les autres livres, nous avons renvoyé à l'édition de M. Littré, et souvent même nous avons donné les deux indications à la fois. Nous savons bien que ce travail est généralement apprécié beaucoup moins qu'il ne coûte; mais nous espérons cependant que ceux-là du moins qui ont essayé quelque chose de semblable nous en sauront gré.

Quant à la traduction elle-même des passages dont nous parlons, nous n'avons fait aucune difficulté de reproduire l'une ou l'autre des traductions qui sont connues, conservant ce qui nous paraissait bon, modifiant ce qui nous semblait devoir l'être, et gardant, enfin, à cet égard toute notre liberté. Nous devons ajouter seulement ici que c'est à l'élégante traduction de M. Daremberg que nous avons fait le plus d'emprunts, parce que le savant bibliothécaire nous a paru tenir un juste-milieu très-sage entre les hardiesses un peu téméraires de Villebrune et le parti pris singulier de style qui caractérise la traduction de M. Littré dans sa belle édition d'Hippocrate.